MW00422732

Buscando luz
en el oscuro mundo

Steven P. Blumer

1331 South Alafaya Trail
Orlando, Florida 32828
www.risensaviorwels.net

Copyright © *2012*
Steven P. Blumer

Todos los derechos reservados. Ninguna parte de este libro
puede ser reproducida o transmitida en cualquier forma o
por cualquier medio, ya sea electrónico o mecánico,
incluyendo fotocopia, grabación o cualquier sistema de
almacenamiento y recuperación, sin el permiso del autor,
excepto para inclusión de citas breves en una reseña.

Todas las citas bíblicas son tomadas de DIOS HABLA
HOY, La Biblia, Versión Popular.
Copyright © 1966 de la Sociedad Bíblica Internacional,
usada con permiso de la Sociedad Bíblica Internacional.

Diseño de portada, cortesía de War-Stories.com, Copyright
© 2006 por Don Poss.
El ícono de los capítulos es derivado de una fotografía de
Don Poss, Copyright © 2006, usada con permiso.
Retrato del autor en la contraportada © 2012 por Mary
Linda Miller, usada con permiso.
Diseño de página y diseño del libro por Mary Linda Miller.

ISBN-13: 978-1479145416
ISBN-10: 1479145416
Impreso en: Editorial Buena Semilla
Bogotá, Colombia
Risen Savior Lutheran Church
Orlando, Florida

Este libro
está dedicado
a mi abuelo,
Arnold A. Butzke
(1895-1978):
agricultor,
carpintero,
cristiano.

Con sus palabras y ejemplo,
él arrojó luz
en la oscuridad
de mi infancia;

y vivió en esta tierra
lo suficiente
para verla
en mi ministerio.

Contenido

Contenido

Introducción

"Entonces Dios dijo: '¡Que haya luz!'" *Génesis 1:3*. Cuando Dios el Señor trajo la luz a su nuevo mundo, separó la luz de las tinieblas; desde entonces el mundo ha estado dividido en luz y oscuridad, en día y noche.

Hasta el día de hoy, hay todo un mundo que vive en la oscuridad. La luz está todavía ahí, pero muchos andan en total oscuridad acerca de cómo llegar a ella; están confundidos en lo que se refiere a Dios y a la luz de su verdad. Realmente no saben qué creer, están buscando la luz en el mundo de tinieblas.

Cuando se trata de Dios y de las cosas espirituales, la oscuridad es formidable. La gente busca respuestas a sus preguntas, pero las buscan en los lugares equivocados. Se acercan a falsas religiones y a filosofías, que pretenden ser espirituales; muchos proponen sus propias ideas sobre lo que quieren creer y seguir. Incluso las personas que buscan en la Biblia no siempre saben dónde buscar. Y además, hay tantos maestros falsos ahí afuera, que la verdadera luz queda cubierta de oscuridad; es como una niebla densa que bloquea el sol, incluso cuando usan la Biblia.

En este pequeño libro, vamos a desvanecer un poco de la niebla para que brille la luz de Dios. En la tabla de contenido ya ha visto diez de las preguntas más grandes que se plantea la gente acerca de Dios y de la fe cristiana; espero que hayan

1

despertado su interés. Algunas de esas preguntas son difíciles y durante siglos han dejado perplejos a los más sabios de los sabios. No pretendo tener inteligencia superior para darle las respuestas, pero sé que la luz de la sabiduría de Dios puede dar las respuestas. Este libro es mi humilde intento de iluminarlo a usted con las profundas respuestas de la luz de Dios, su Palabra inspirada.

Espero que encuentre las respuestas a algunas de las preguntas que lo han inquietado. Incluso si usted ya sabe algunas de las respuestas, mi objetivo es darle una visión más clara cuando responda a otras personas de su entorno. Tal vez usted ha sido confrontado por los críticos de la fe cristiana que aducen argumentos muy persuasivos. ¿Qué tan bien ha manejado esas dudas? Luego están las personas que le importan quienes están luchando en la oscuridad y están buscando la luz. Una vez que haya encontrado algunas respuestas, ¿estará listo para compartir su alegría?

En cada capítulo hay un elemento importante adicional; Jesús dijo: **"Yo soy la luz del mundo; el que me sigue, tendrá la luz que le da vida, y nunca andará en la oscuridad."** *Juan 8:12*. Necesitamos a Jesús, quien es la luz de la vida, para andar en la luz en lugar de tropezar en la oscuridad. Va a descubrir que Jesús es la luz que brilla en cada capítulo.

Hay una razón para eso: sólo en Cristo podemos encontrar la luz cuando estamos "buscando luz en el oscuro mundo".

Steven P. Blumer
Agosto 2012

Pregunta 1:
¿Cómo es Dios realmente?

Éxodo 34:5-7

La gran mayoría de las personas dicen ser creyentes en Dios. El 95% de los habitantes de este país creen que hay un dios de algún tipo. El 80% de ellos afirman que son cristianos. Pero en realidad muchos no conocen muy bien la verdad sobre Dios, tienen muchas ideas raras sobre lo que es y lo que hace. Considere algunas de las maneras en que las personas se han imaginado Dios.

Una de las pinturas más famosas de Dios en el mundo está en el techo de la Capilla Sixtina en Roma. La famosa obra de Miguel Ángel representa a Dios con la figura de un anciano, de un "abuelito" con larga barba gris que está extendiendo su dedo mientras crea a Adán. Quinientos años después, en 2003, la película "Bruce Almighty" presentó a Dios en la persona del actor Morgan Freeman. En esa película, Dios era un hombre que tenía poder para hacer lo que quisiera… hasta el punto de hacerles trampas a las personas. Hace unos años, un niño que asistía a la clase de escuela dominical de mi esposa estaba un poco confundido acerca de Dios; levantó la mano para llamar su atención y gritó: "¡Dios! ¡Dios!"

Entonces, ¿qué es Dios realmente? No vamos a entrar en el tema de qué apariencia tiene, porque eso no importante; tampoco nos vamos a concentrar en alguno de sus atributos como Dios, como: la omnipotencia, la omnisciencia, la eternidad, o la omnipresencia. Los creyentes que hay un solo Dios aceptan todas esas cosas. Lo que queremos es descubrir exactamente cómo se relaciona Dios con la gente de este mundo. ¿Cómo tratar él a la humanidad? ¿Cómo considera él a los pecadores?

Entonces, ¿cómo es Dios en realidad? Algunos podrían pensar: "Si tan sólo pudiera verlo ahora, antes de que llegue al cielo, podría tener algunas respuestas". Si eso sucediera, usted podría obtener más de lo que espera. Sólo pregúntele a Moisés.

Dios se presentó a Moisés y a los hijos de Israel en el Monte Sinaí, se mostró en todo su poder y gloria. "**Todo el monte Sinaí echaba humo debido a que el Señor había bajado a él en medio de fuego. El humo subía como de un horno, y todo el monte temblaba violentamente. El sonido de trompetas fue haciéndose cada vez más fuerte; Moisés hablaba, y Dios le contestaba con voz de trueno.**" *Éxodo*

19:18,19. El pueblo estaba aterrorizado, pero aun así no vio a Dios directamente. Cuando Moisés le preguntó al Señor si podía ver a Dios, respondió: **"No podrás ver mi rostro, porque ningún hombre podrá verme y seguir viviendo."** *Éxodo 33:20.* Entonces, ¿cómo es Dios? Es tan santo y perfecto que ningún pecador puede estar delante de él. Usted no puede jugar con él; Dios no lo toleraría.

Sin embargo, el Señor le permitió a Moisés ver algo de su gloria y percibir su presencia. Eso sucedió un poco más tarde, cuando el Señor puso a Moisés en un lugar protegido, en una hendidura de la roca en la cima del monte Sinaí; ahí, Moisés no se iba a enfrentar con la visión directa del Señor, lo que podría destruir su existencia mortal. Pero, para informarnos sobre cómo es Dios en realidad, lo que el Señor dijo ese día fue más importante que lo que vio Moisés. Esto fue lo que ocurrió: **"Entonces el Señor bajó en una nube y estuvo allí con Moisés, y pronunció su propio nombre. Pasó delante de Moisés, diciendo en voz alta: '¡El Señor! ¡El Señor! ¡Dios tierno y compasivo, paciente y grande en amor y verdad! Por mil generaciones se mantiene fiel en su amor y perdona la maldad, la rebeldía y el pecado; pero no deja sin castigo al culpable, sino que castiga la maldad de los padres en los hijos y en los nietos, en los bisnietos y en los tataranietos.'"** *Éxodo 34:5-7.*

Dios mismo nos dio una descripción de lo que él es en realidad. El único Dios verdadero, que es el mismo Señor desde la eternidad, nos ha revelado su naturaleza. Él no ha cambiado nunca, siempre ha sido y siempre será exactamente como le dijo a Moisés que era.

Busca luz...

Aquí se pueden ver dos aspectos de cómo es Dios: es el Dios de amor y perdón, es el Dios de la justicia y del castigo del pecado; es lo uno y lo otro al mismo tiempo. Los que conocen poco de la Biblia tienen la idea de que el Dios del Antiguo Testamento es un Dios santo y justo que se apresura a juzgar y castigar; y piensan que el Dios del Nuevo Testamento es diferente, que es el Dios de amor que amó al mundo y envió a su Hijo. Pero Dios nunca ha cambiado, es el mismo ayer, hoy, y por los siglos. Así es Jesús, porque él es el único, verdadero, e inmutable, Dios del monte Sinaí.

Cuando el mismo Dios proclamó su nombre y explicó lo que significa, comenzó mencionando el amor en primer lugar; él es toda compasión y gracia, tiene piedad de las personas, de las personas de todo el mundo. Nos mira con su gracia, que es su gran amor por el mundo que no merece ni un asomo de su amor. Él en verdad se preocupa por el mundo que lo había abandonado prefiriendo vivir en la oscuridad. Él quiere que tengamos su luz.

El Señor es paciente, es decir, tiene una gran paciencia con las personas. Cuando todos habían pervertido sus caminos y lo habían abandonado a él, y los únicos creyentes que quedaban eran Noé y su familia, el Señor esperó otros 120 años con el fin de darles a todos la oportunidad de ser llevados al arrepentimiento. Cuando el Señor envió a los hijos de Israel a ocupar la tierra de Canaán, y les dijo que eliminaran a toda la gente que había allí, algunos pudieron considerar que el Señor es muy cruel; pero él había esperado 500 años antes de llevar su juicio sobre la maldad y la crueldad de ese pueblo. ¿Cuánto tiempo va a esperar a que esta nación despierte? Todavía no hemos estado aquí durante 500 años; hasta el día de hoy el

Señor ha sido paciente, lento para la ira, y ha esperado para que todos tengamos la oportunidad de ser llevados al arrepentimiento. Pero el día viene, y podría ser muy pronto, cuando ya no tolerará la maldad de nuestro mundo. El día del juicio se acerca y gran parte del mundo tendrá razón para estar atemorizado. Dios puede ser lento para la ira, pero finalmente su paciencia se agotará.

Pero antes de que llegue ese día, Dios quiere que sepamos que él es **"compasivo, paciente, y grande en amor"**; su amor abunda y sobreabunda. Le voy a dar un ejemplo: ¿Alguna vez fue a una gasolinera y llenó su vaso de soda? ¿Qué ocurrió? Dejó de llenar muy pronto, y luego, cuando presionó la palanca por segunda vez, siguió funcionando mucho tiempo, y la soda se desbordó, chorreando por los lados. Eso es lo que yo llamaría "abundar". Así es el amor de Dios, se desborda. Su amor, fidelidad, y perdón, por la raza humana pecaminosa y por pecadores como usted y yo es abundante. ¿No es "abundantemente" grande? Pero ya se sabe lo que la gente tiende a hacer con lo "abundante"; tenemos la tendencia a darlo por garantizado.

En la gasolinera, no nos preocupamos por la soda que se desborda del vaso, porque nadie nos va a gritar por eso; la soda se desperdicia porque sabemos que es "abundante", y es fácil tener lo "abundante" como garantizado. Eso puede ser especialmente peligroso para los cristianos que entienden la gracia. Como entendemos y valoramos tanto la gracia, es fácil que lleguemos a pensar: "En realidad no importa cómo vivo, lo que digo, y lo que hago… porque de todas manera Dios me va a perdonar".

Cuando contemplamos y nos regocijamos en el Dios que perdona, cuando entendemos que Dios es el Dios que perdona la maldad, la rebelión, y el pecado, es fácil llegar a pensar que el pecado no es gran cosa. El perdón y el amor de Dios son "abundantes". ¿A quién le importa si sigo adelante con este rencor contra un miembro de mi familia o contra un vecino? ¿A quién le importa si Dios quiere que yo actúe con integridad en el trabajo, con fidelidad en el matrimonio, o con amor en mi vecindad? ¿A quién le importa si pongo el dinero, la recreación, o un becerro de oro, delante de Dios? Él es abundante en perdón, la copa de su perdón nunca se va a desbordar. A mí no me cuesta nada. Él me perdonará después.

Cuando nuestra actitud comienza a tomar, de manera pecaminosa el "abundante" amor y perdón, como garantizado, tenemos que entender que el sermón de Dios a Moisés aún no había terminado.

"Pero no deja sin castigo al culpable, sino que castiga la maldad de los padres en los hijos y en los nietos, en los bisnietos, y en los tataranietos." ¿Dónde encaja usted en este pasaje? ¿Es culpable de pecado? Dios dice que debe ser castigado. Ese castigo seguirá a cada generación que lo rechace e ignore el pecado. Dios nunca se limita a ignorar el pecado ni lo deja de ver. Si bien es cierto que su amor es abundante, eso no quiere decir que el perdón no costó nada. Dios es santo y justo, y dice con claridad que el pecado y la desobediencia deben ser castigados. El Dios santo no puede mirar a otro lado y fingir que el pecado nunca ocurrió. Eso iría en contra de lo que él es.

¿No parece que la segunda parte de la descripción de Dios es contradictoria con la primera parte? ¿Cómo pueden ser ciertas estas dos partes? ¿Cómo puede perdonar y castigar el pecado al mismo tiempo? Él tenía un plan, un plan que proyectó antes de crear el mundo; sabía que las primeras personas que creó perfectas iban a caer en pecado. No se limitó a olvidar el pecado, tenía que ser castigado. Así, pues, sucedió que "**Dios amó tanto al mundo, que dio a su Hijo único**". *Juan 3:16.* Envió a su Hijo para recibir el castigo de nuestro pecado.

Es como el niño que estaba lanzando piedras y rompió la ventana del vecino. El vecino se acerca; ¿va a decir: "Está bien, muchacho, te quiero; olvídalo"? No, el vecino va a decir: "Te quiero muchacho, pero de todas maneras tienes que pagar la ventana". El niño dice: "Pero no tengo dinero"; "Bueno", dice el vecino, "entonces alguien tendrá que pagar el precio para ti". Así también, cuando rompemos los mandamientos de Dios en pequeños trozos puntiagudos, Dios dice: "Te quiero, pero aun así tus pecados tienen que ser pagados. Tú nunca podrías pagar por ti mismo; por eso envié a mi Hijo para pagar el castigo por ti. Eso le costó la vida."

En Gatlinburg, Tennessee, hay una colina de esquí, y en el verano utilizan el teleférico para subir a la gente, para que bajen por la montaña en un trineo pequeño con ruedas. Lo que hay que hacer es subirse a ese carrito que tiene solo una palanca de freno. Hay un canal de cemento cuesta abajo; uno pone el carro en el canal de cemento, se sienta y ¡ahí va! La primera vez uno se aferra a algo para salvar la vida, halando con fuerza el freno; pero a medida que se va acostumbrado, necesita tocar el freno cada vez menos. Es peligroso dejar de usar por complete el freno; a medida que aumenta la velocidad, hay más posibilidades de salir volando del canal. Es absolutamente esencial permanecer en el canal, que es como un muro de protección a ambos lados del carro.

Lo mismo sucede con los dos lados de Dios: su amor y su justicia, están ahí para protegernos y mantenernos en el camino de la verdadera vida. Si alguna vez llegamos a ser demasiado orgullosos, si alguna vez damos el amor de Dios por garantizado y lo utilizamos como una excusa para el pecado, también estaremos en peligro de salir volando fuera del canal. Hay que tener cuidado, porque Dios es santo y justo. Pero cuando uno está desesperado y lleno de culpa, Dios nunca permitirá que salga volando de su canal, nos sostiene con las maravillosas palabras de perdón por medio de Jesús.

Sólo escuche atentamente, y los dos lados de Dios lo mantendrán a salvo. Así es Dios.

Pregunta 2:
¿Por qué debo confiar en la Biblia?

Mateo 5:17,18

Los Muppets han existido desde hace mucho tiempo; Kermit, Fozzie y Miss Piggy probablemente seguirán estando de moda durante muchas generaciones. ¿Cuándo se supone que los niños comienzan a darse cuenta de que no son más que personajes ficticios y no seres reales? Lo mismo ocurre con cualquiera de los personajes que ellos podrían amar, incluso Santa Claus.

Ahora piense en los superhéroes que vemos en el cine. En nuestro ejemplo he elegido Capitán América; en la película, lucha por los aliados en la Segunda Guerra Mundial. ¿Es esa la guerra verdadera que ganaron los Estados Unidos? ¿Luchó el Capitán América en la guerra o es solo una buena historia?

Ahora, regrese 2,000 años a una tumba en Jerusalén. Es la madrugada del domingo. Hay soldados romanos en el suelo, aturdidos, y ángeles que saludan a las mujeres en el sepulcro vacío. Poco después, Jesús se presenta vivo; ha resucitado de entre los muertos. ¿En realidad salió vivo de esa tumba?

Ahora: ¿cómo se sabe, qué es real, y qué es una buena historia? Todo depende de si la Biblia es verdadera y real, ¿no es así? En mi experiencia, nunca he conocido a un niño en edad escolar que tenga problema para separar los hechos de las lecciones bíblicas, de la ficción que ve todos los días en la televisión. Con la fe de niño, aceptan que Jesús es real y los otros personajes son solo historias.

Pero a medida que nos hacemos mayores, comenzamos a analizar más las cuestiones acerca de la Biblia, y a escuchar las voces que hay por ahí que critican la exactitud de las Escrituras. Hay muchos intentos académicos para poner en duda su validez. Algunos podemos comenzar a hacer preguntas y a tener dudas acerca de si todo esto es verdad o sólo una colección de buenas historias. Así que hay buenas razones para preguntar: **"¿Por qué debo confiar en la Biblia?"** Creo que usted estará feliz al saber que tenemos buenas respuestas.

En primer lugar, me gustaría que piense en una parábola que Jesús contó en la Biblia. Un agricultor siembra en su campo, la semilla representa la palabra de Dios. Parte de ella cae en camino endurecido que cruza el campo; llegan las aves y la arrebatan de modo que la semilla no tiene la oportunidad de germinar. ¿Cómo explicó eso Jesús? **"Los que oyen el mensaje del reino y no lo entienden, son como la semilla que cayó en el camino; viene el maligno y les quita el mensaje sembrado en su corazón."** *Mateo 13:19.* El maligno que quita la semilla es el diablo; él se complace en quitar de inmediato la palabra de Dios, para que las personas no tengan la oportunidad de considerarla ni creer en ella; lo hace tratando de desacreditar la Biblia. Así que envía a sus agentes para quitar la Biblia. Los encontrará en las universidades, en las estanterías de libros, y en algunos de los programas que se ven en el canal de historia. A veces oirá sus agentes en las noticias, y siempre que haya un programa de televisión sobre Jesús y la Biblia fuera de una estación cristiana. Dicen cosas como estas:

- "La Biblia está llena de buenas historias que escribió la gente acerca de Dios, pero eso es todo lo que son: sólo buenas historias o mitos."
- "La Biblia está llena de contradicciones y teologías diferentes acerca de Dios."
- "La historia y la arqueología han probado que la Biblia es falsa."
- "La Biblia ha sido cambiada y editada a través de los años. Gran parte de lo que dice la Biblia que Jesús dijo e hizo, en realidad, nunca sucedió."
- "Los líderes de la iglesia excluyeron ciertos libros de la Biblia, porque no les gustó lo que dicen."

Y cuando se suman todas estas críticas a la Biblia, no culpo a nadie que diga: "¿Cómo podría yo creer esto?"

Por otro lado, escuche lo que dice Jesús sobre esta misma palabra de Dios: **No crean ustedes que yo he venido a** suprimir la ley o los profetas; no he venido a ponerles fin, sino a darles su pleno valor. **Pues les aseguro que mientras existan el cielo y la tierra, no se le quitará a la ley ni un punto ni una letra, hasta que todo llegue a su cumplimiento.** *Mateo 5:17,18.*

"La Ley y los Profetas" es la manera en que Jesús se refiere a la Biblia que había hasta entonces. La llamamos Antiguo Testamento. Por supuesto, el Nuevo Testamento no se había escrito aún. Y Jesús dice que no ha venido a abolir la Biblia y echarla en la basura, sino a completar y cumplir la palabra de Dios. Nada de ella va a desaparecer hasta que todo llegue a su cumplimiento.

No sólo creo que esto es verdad porque Jesús lo dijo, sino también porque lo que dice aquí se puede probar. En el original dice que nada de la palabra de Dios desaparecerá, ni la letra más pequeña, llamada "yod", ni la segunda más pequeña, un toque de pluma llamado "vav". Ahora recuerde que el libro más reciente de la Biblia tiene unos 2,000 años de antigüedad y el más antiguo, escrito por Moisés, tiene 3,500 años de antigüedad. ¿Cómo podemos estar seguros de que eso es todo lo que hay y que nada ha cambiado?

Piense en los rollos del mar Muerto. Podría escribir todo un capítulo sobre esos rollos, pero por ahora sólo quiero hacer una observación. Los rollos del mar Muerto son copias de partes de la Biblia, escritos poco antes de la época de Cristo. Antes de que se encontraran los rollos en 1948, las copias más antiguas del Antiguo Testamento que teníamos eran de alrededor del 900 d.C. ¿Cuánto se había cambiado o añadido a la Biblia en un millar de años? Los eruditos se sorprendieron al descubrir que nada había cambiado. Cada "yod" y cada "vav", cada letra sigue ahí. Y lo mismo se puede decir del Nuevo Testamento, tenemos copias de partes de los evangelios y de las cartas que son tan antiguas, desde el tiempo que todavía algunos de los apóstoles estaban vivos. Nada ha cambiado y nada se ha añadido, por mucho que a los críticos le guste decir lo contrario.

A la academia moderna le gusta decir que los evangelios son historias sobre de Jesús que escribieron finalmente los cristianos, mucho después de la muerte de los apóstoles. Afirman que Mateo no escribió Mateo, Marcos no escribió Marcos, Lucas no escribió Lucas, y Juan no escribió Juan. De acuerdo con sus teorías, los evangelios son leyendas que escribieron cristianos bien intencionados varias generaciones después de lo que ocurrió.

Los críticos tratan de ignorar los hechos: no sólo tenemos porciones de los manuscritos del Nuevo Testamento que vienen del siglo I, no hay ningún otro libro antiguo que se haya conservado tan bien. Las copias escritas a mano, que eran lo único que se podía tener en ese entonces, se cuentan por miles. Nadie pone en duda la validez de la historia de Herodoto ni de la Guerra de las Galias de Cesar; el número de copias que tenemos de cada una de esas obras es inferior a diez. Pedro tuvo razón cuando citó al profeta Isaías: "**La hierba se seca y la flor se cae, pero la palabra del Señor permanece para siempre.**" *1 Pedro 1:24,25.*

¿Qué pasa con los llamados "libros perdidos" de la Biblia? Son libros que algunos afirman que deben estar en la Biblia, como el evangelio de Tomás, Felipe, o María Magdalena. Estos son los hechos: sabemos que esos libros sólo llegaron a existir cien años después de que esas personas murieron, y fueron encontrados en lugares donde esas personas nunca vivieron. Es como si se encontrara una carta en Berlín, Alemania, con un matasellos de 1891, y afirmar que fue escrita por George Washington. ¿Usted lo creería? Eso es lo que ocurre con los supuestos evangelios "perdidos". Todo el mundo sabe que son falsos.

Pero el Nuevo Testamento concuerda con la época y el lugar, de los que lo escribieron. Pedro quería que sepamos que ninguno de los autores apareció con su propia información: **"Porque los profetas nunca hablaron por iniciativa humana; al contrario, eran hombres que hablaban de parte de Dios, dirigidos por el Espíritu Santo."** *2 Pedro 1:21.*

En segundo lugar, no hay un solo detalle histórico en la Biblia que se haya demostrado que está equivocado. Y la Biblia es un libro de historia, que se remonta a los orígenes del universo. Cuando las personas examinan otros escritos e historias de la antigüedad, o excavan antiguas ciudades y sitios arqueológicos, no descubren nada que refute la Biblia.

Les voy a dar un solo ejemplo. La Biblia menciona varias veces a Betsaida; era un pueblo de pescadores a orillas del mar de Galilea. Juan nos dice que era la ciudad natal de Felipe, de Pedro, y de Andrés (*Juan 1:44*). Pero hubo grandes dificultades para localizar ese pueblo en la costa de Galilea. Encontraron una población con ese nombre, pero estaba a más de un kilómetro y medio del mar. ¿Estaban equivocados los detalles que da la Biblia? ¡¡No!! A medida que fueron excavando, se encontraron con una tienda de pescadores y luego con algunos muelles y con ruinas de embarcaciones. Y descubrieron que, en algún momento, ese pueblo estuvo en la costa del mar de Galilea, pero un terremoto que ocurrió en el año 97 d.C. cambió la línea de la costa, por lo que ahora Betsaida está a más de uno y medio kilómetro tierra adentro. Ha habido literalmente centenares de detalles como este, que han respaldado lo que dice la Biblia. Por eso me parece tan fascinante visitar a Israel.

Y ahora llegamos a algo aún más importante, mire de nuevo las afirmaciones de Jesús: **"No crean ustedes que yo he venido a suprimir la ley o los profetas; no he venido a ponerles fin, sino a darles su pleno valor. Pues les aseguro que mientras existan el cielo y la tierra, no se le quitará a la ley ni un punto ni una letra, hasta que todo llegue a su cumplimiento."** Hablemos sobre el cumplimiento de las profecías. ¿Sabía usted que no hay otro libro de cualquier tipo que haya sido 100% preciso en sus profecías? Ni el *Libro de Mormón*, ni el *Corán*, ni los escritos de las religiones orientales, ni siquiera Nostradamus. ¿Y la Biblia? ¡Jesús ha cumplido todo! Veamos sólo un par de ejemplos.

> **Como perros, una banda de malvados me ha rodeado por completo; me han desgarrado las manos y los pies. ¡Puedo contarme los huesos! Mis enemigos no me quitan la vista de encima; se han repartido mi ropa entre sí, y sobre ella echan suertes.** *Salmo 22:16-18.*

David escribió eso 1,000 años antes de Cristo. Lo que es más sorprendente es que en la época de David, no se perforaban las manos y los pies de nadie; todavía no se había inventado la crucifixión. David recibió este mensaje del Espíritu Santo, probablemente se rascó la cabeza y dijo: "Señor, no sé qué significa esto, pero lo voy a escribir."

> **Mi siervo tendrá éxito, será levantado y puesto muy alto. Así como muchos se asombraron de él, al ver su semblante, tan desfigurado que había perdido toda apariencia humana, así también muchas naciones se quedarán admiradas; los reyes, al verlo, no podrán decir palabra, porque verán y entenderán algo que nunca habían oído.**
> *Isaías 52:13-15.*

Setecientos años antes de Cristo, Isaías predijo su sufrimiento y muerte, así como su resurrección y exaltación.

Pedro dice que usted puede ser creyente en esto, porque **"con nuestros propios ojos vimos al Señor en su grandeza"**. *2 Pedro 1:16*. Como testigos oculares en una sala de audiencias, ellos estuvieron ahí y lo vieron todo. Los evangelios no son historias inventadas años más tarde por cristianos bien intencionados. Piénselo por un momento: si Jesús no hubiera muerto en la cruz, ¿por qué iban a inventar una historia como esa? Si Pedro, el líder de los apóstoles, no hubiera negado que conocía a Jesús, hasta el punto de maldecir y jurar, ¿por qué iban a inventar una historia negativa sobre él? Si las mujeres no fueron las primeras que vieron y fueron creyentes que Jesús estaba vivo, ¿por qué los discípulos, como hombres, inventaron eso? Si estaban tratando de convencer a los escépticos de ese entonces, ¿por qué no escribieron que ellos, los discípulos varones, fueron los primeros que vieron vivo a

Jesús? Fue un poco bochornoso para ellos que Jesús se apareciera primero a las mujeres.

Entonces, ¿por qué puede usted confiar en la Biblia?
- Su antigua autoridad se ha demostrado como ningún otro libro.
- Su historia ha demostrado como ningún otro libro.
- Sus profecías se han cumplido al 100% como ningún otro libro.
- Sus relatos son veraces como ningún otro libro.

Pero todavía nos falta un detalle, y es la pregunta más importante de todas: "¿Por qué debería usted ser creyente en todo esto?" Al final de su evangelio, san Juan lo dice de esta manera: **"Jesús hizo muchas otras señales milagrosas delante de sus discípulos, las cuales no están escritas en este libro. Pero estas se han escrito para que ustedes crean que Jesús es el Mesías, el Hijo de Dios, y para que creyendo tengan vida por medio de él."** *Juan 20:30,31.* Todo el propósito de lo que escribió Juan es que seamos hechos creyentes que Jesús es nuestro Salvador, el Mesías.

El propósito de toda la Biblia, de comienzo a fin, es que podamos ver a Jesús. Por la fe en que el Hijo de Dios, vino a este mundo, murió por nosotros, y resucitó, tenemos vida en su nombre. La verdad de nuestra salvación depende por completo de si la Biblia es 100% veraz o no. Si no es 100% verdadera, ¿qué partes son falsas? ¿En qué autoridad humana pone su confianza para determinar las supuestas partes falsas?

Y cuando uno reconoce que Dios sabía todo sobre nuestra maldad y nuestros pecados, que sabía todo sobre nuestras dudas respecto de su verdad y de su existencia, y que de todos modos nos amó, nos amó tanto que envió a su Hijo al mundo para recibir nuestro castigo; sí, cuando vemos la verdad del amor de Dios por nosotros; entonces, el resto de la Biblia cae sencillamente en su lugar.

¿Por qué debería confiar en la Biblia? En pocas palabras: sin ella, no podría conocer al Dios del amor. Sin ella, no podría conocer a Jesús.

Pregunta 3:
¿Hay vida después de la muerte?

Filipenses 1:20-26

Hubo un paciente en un hospital universitario, un cristiano, que sabía que estaba muriendo. El médico entró para hablar con él sobre eso y le dio la mala noticia de que tenía muy poco tiempo de vida. El cristiano le respondió que ya lo sabía y que estaba bien. Estaba en paz ante la muerte, porque sabía que pronto iría al cielo y porque pronto iba a estar con Jesús. ¿Entonces, qué hizo el médico? Ordenó que un psiquiatra de planta acudiera para hablar con ese creyente. ¿Por qué? Debido a que el médico consideró que el hombre estaba delirando y en la negación de la muerte.

Busca luz...

Creo que usted estará de acuerdo en que quien tenía un problema real era el médico. Estaba tan profundamente atrapado en la oscuridad de este mundo que no podía aceptar la luz; probablemente quería que su paciente se ocupara de lo que él consideraba importante para el final de la vida, como: el testamento, los poderes de abogado, los fideicomisos, y sus bienes. Con seguridad, todas esas cosas son importantes, y he tenido que ver con eso en mi propia familia; pero, ¿es eso todo lo importante, o lo más importante? Los temas realmente cruciales son los que el médico estaba tratando de negar: lo que pasa cuando morimos. Con toda su formación científica, estaba convencido de que después de que esta vida ha terminado, todo ha terminado para el difunto. Eso es todo, es todo lo que escribió. Quizás se podría decir que era él quien estaba negando, negaba la vida después de la muerte.

¿Alguna vez ha tenido dudas sobre eso? ¿Hay vida después de la muerte? La gran mayoría de las personas en este mundo no son como ese médico, tienen la sensación de que hay algo que sigue después de que los pobres cuerpos viejos se agotan. La Biblia lo dice de esta manera en *Eclesiastés 3:11*: "**[Dios] puso además en la mente humana la idea de lo infinito.**" En el corazón de cada persona existe el sentimiento de que hay algo más que este mundo físico. Hay el sentimiento interior de que debe haber algo más, una sensación de eternidad; sentimos que tenemos almas que perdurarán por siempre. Pero el versículo sigue diciendo: "**...aun cuando el hombre no alcanza a comprender en toda su amplitud lo que Dios ha hecho y lo que hará**". Simplemente, por nosotros mismos no podemos entender lo que Dios tiene en mente. Es por eso que necesitamos que el Señor nos diga de qué se trata todo esto, y por eso lo hace en la Biblia. Sin esa fuente de conocimiento, no estaríamos en mejor situación que aquel médico.

Después de todo, ninguno de nosotros ha experimentado el enemigo mortal llamado muerte. He hablado con cristianos que me han dicho discretamente que han tenido una experiencia así durante una cirugía o un coma, en las que vieron cosas sorprendentes sobre el cielo, y luego volvieron a este mundo. Un libro muy popular en este momento es "Heaven Is For Real (El Cielo Es Real)", la historia de Colton Burpo, de 4 años, que tuvo esa experiencia. Durante la cirugía de una apendicitis que había sido mal diagnosticada durante cinco días, Colton había ido al cielo y volvió, sabiendo las cosas que era imposible que él supiera, detalles sobre su abuelo que murió 30 años antes de su nacimiento, y conoció a su hermana que había muerto en un aborto involuntario, algo que nunca se le dijo. Historias como esa pueden ser promisorias, pero ¿qué va a pasar en realidad cuando muramos? Nunca he estado ahí, y hacer algo que nunca se ha hecho puede ser muy atemorizante; es un poco como saltar de un avión. Sí, uno tiene paracaídas, pero ¿en realidad qué va a pasar cuando aterrice?

Yo realmente no quiero saber qué podría pasar si salto de un avión, eso es algo que no tengo que hacer. Pero no hay manera de que pueda evitar la experiencia de la muerte, y usted tampoco. Por eso, es tan importante estar seguro de algunas respuestas, y eso es exactamente lo que hace san Pablo por nosotros; nos ayuda a responder a la pregunta: ¿Hay vida después de la muerte?

¿Sabe?, san Pablo se enfrentó a la muerte. No estaba enfermo, pero esperaba un juicio ante Cesar y estaba rodeado de guardias en la casa donde estaba arrestado en Roma. Les escribe a sus amigos cristianos de Filipos y les dice que no sabe con seguridad lo que va a pasar; podría ser ejecutado o liberado, podría morir o vivir mucho tiempo más para volver a verlos. Lo que Pablo les dice al contemplar estas cosas nos da una gran cantidad de respuestas a las preguntas sobre lo que sucederá después de la muerte.

> **Pues espero firmemente que Dios no me dejará quedar mal, sino que, ahora como siempre, se mostrará públicamente en mí la grandeza de Cristo, tanto si sigo vivo como si muero. Porque para mí, seguir viviendo es Cristo, y morir, una ganancia. Y si al seguir viviendo en este cuerpo, mi trabajo puede producir tanto fruto, entonces no sé qué escoger. Me es difícil decidirme por una de las dos cosas: por un lado, quisiera morir para ir a estar con Cristo, pues eso sería mucho mejor para mí; pero, por otro lado, a causa de ustedes es más necesario que siga viviendo. Y como estoy convencido de esto, sé que me quedaré todavía con ustedes, para ayudarlos a seguir adelante y a tener más gozo en su fe. Así me tendrán otra vez entre ustedes, y haré que aumente su orgullo en Cristo Jesús.** *Filipenses 1:20-26.*

El pensamiento clave de Pablo que lo resume todo es: "**para mí, seguir viviendo es Cristo, y morir, una ganancia**". Hay dos posibilidades en lo que le podría ocurrir a Pablo, y está contento con cualquiera de las dos, porque ambas lo llevan a

Jesús; en primer lugar, sabe que Jesús ha quitado lo que causa la muerte, y que esa es la maldición del pecado. Jesús sufrió la maldición por nosotros cuando murió en el madero de la cruz; y además resucitó para sellar la destrucción eterna de la muerte. Y todo el que sea creyente en eso y sea creyente en Jesús tiene ya la vida eterna. ¡Ya ha comenzado! Cuando el cuerpo muere, continúa la vida eterna en un nuevo lugar llamado cielo. Así que ahora mismo para todos nosotros, vivir es Cristo y morir es ganancia.

Pablo no sabe cuál de las dos opciones va a ocurrir: quedarse aquí o irse a su hogar en el cielo. La decisión está en manos de Dios; sin embargo, Pablo se pregunta qué sería mejor. **"Entonces no sé qué escoger. Me es difícil decidirme por una de las dos cosas: por un lado, quisiera morir para ir a estar con Cristo, pues eso sería mucho mejor para mí."** Si Pablo hubiera podido escoger, le habría encantado ir a su hogar en el cielo; eso sería mucho mejor que pasar por las aflicciones del tiempo presente y la prisión; iría a estar con Jesús en ese mismo momento. Eso también responde una pregunta que muchas personas tienen acerca de qué pasa cuándo morimos. Algunos creen que cuando morimos, dormimos en el cementerio hasta el día del juicio, cuando despertaremos. Si fuera así, Pablo no hubiera estado tan emocionado ante la posibilidad de dejar esta tierra en ese momento. Si iba a estar inconsciente hasta el día del juicio, no estaría tan ansioso por partir y estar con Cristo; si viviera 60 días o 60 años más no iba a llegar al cielo más pronto o más tarde. Pero desea estar con Jesús ahora mismo, en el momento en que su alma abandone su cuerpo.

Jesús también nos da la confianza y la certeza de que vamos a estar con él de inmediato; dijo: **"En la casa de mi Padre hay muchos lugares donde vivir; si no fuera así, yo no les hubiera dicho que voy a prepararles un lugar. Y después de irme y de prepararles un lugar, vendré otra vez para llevarlos conmigo, para que ustedes estén en el mismo lugar en donde yo voy a estar."** *Juan 14:2,3*. Esto es lo que me da paz y confianza ante la "pérdida" de seres amados. En realidad no los hemos perdido, se han ido antes que nosotros al hogar que Jesús ha preparado para cada creyente.

Un banco de Binghamton, Nueva York, le envió flores a un competidor que se había mudado recientemente a un nuevo edificio. Hubo una confusión en la floristería, y la tarjeta que enviaron con el arreglo decía: "Con nuestro más sentido pésame". La florista se avergonzó mucho y se disculpó, pero se avergonzó mucho más cuando se dio cuenta de que la tarjeta destinada al banco se puso en un arreglo floral que se envió a una funeraria; esa tarjeta decía: "Felicitaciones por su nueva ubicación". Ahora bien, si el que había muerto era cristiano, eso no es tan malo; la nueva ubicación es un ascenso a las mansiones celestiales, que el Señor Jesús preparó para nosotros. La Biblia nos da imágenes maravillosas de lo que podemos esperar, pero vamos a resumir preguntando, ¿le gustaría estar en un banquete de boda que dure por siempre? La alegría no se acabará jamás.

Pero antes de llegar allí, estamos aquí en esta tierra, y tenemos que afrontar: problemas, aflicciones, enfermedades, y pérdidas. Y me gustaría poner a su consideración una idea sorprendente: sólo cuando usted y yo tenemos la certeza del cielo, podemos vivir realmente en esta tierra. O, dicho de otra manera: solo cuando sabemos qué va a pasar cuando muramos, somos realmente capaces de empezar a vivir aquí.

Piense en esto. ¿Para qué vive la gente?

- ¿Riqueza? El millonario norteamericano Jay Gould dijo mientras agonizaba: "Creo que soy el hombre más miserable de la tierra".
- ¿Placer? Lord Byron, que vivió la vida más placentera imaginable, dijo: "El carcoma, el cáncer, y el dolor, son todo lo que tengo". Se suicidó.
- ¿Poder y dominio? Alejandro el Grande conquistó el mundo conocido y se sentó a llorar en su tienda. ¿Por qué? "No hay más mundos para conquistar".

Entonces, ¿para qué vivimos? La diferencia en la manera como uno vive aquí y ahora, resulta exclusivamente de saber a dónde va. Por ejemplo, cuando uno sabe que pronto va a ocurrir algo muy especial, como un gran concierto o unas estupendas vacaciones, ese hecho le da una mejor actitud en lo que está haciendo en ese momento, le da ánimo en el camino y alegría en el corazón, y puede soportar con mayor facilidad las dificultades diarias. El único problema es que cuando un evento especial ha terminado, hay una decepción porque todo ha terminado; pero cuando lleguemos al cielo, no habrá ninguna decepción; la alegría no tendrá fin.

Por eso Pablo dice que si pudiera elegir, se iría a casa al cielo, pero había algo más en su mente: "**A causa de ustedes es más necesario que siga viviendo. Y como estoy convencido de esto, sé que me quedaré todavía con ustedes, para ayudarlos a seguir adelante y a tener más gozo en su fe. Así me tendrán otra vez entre ustedes, y**

haré que aumente su orgullo en Cristo Jesús." Pablo está pensando en los demás antes que en él mismo; está tan seguro de que eso es lo que Dios quiere, que dice: **"sé que me quedaré todavía"** en esta tierra y que estará otra vez con ellos. Y eso fue lo que ocurrió. El libro de los Hechos termina con Pablo encadenado en Roma, pero podemos reunir los detalles de sus cartas para descubrir que salió de nuevo en libertad por unos pocos años, y llegó hasta España predicando el evangelio. Sin duda, volvió a visitar a su amada congregación de Filipos. Así, mientras estuvo en Roma, esperaba servir a Jesús mediante el servicio a otros.

No mucho después de haber escrito esto, mi cristiana madre se fue al hogar en el cielo. La causa terrenal fue el cáncer. Estaba lista para ir a casa al cielo, pero yo sé que ella hubiera preferido pasar más tiempo aquí con nosotros. Esto nos recuerda a todos que debemos utilizar el tiempo que el Señor le ha dado a cada uno. Moisés lo dice así en el *Salmo 90*: **"Enséñanos a contar bien nuestros días, para que nuestra mente alcance sabiduría."** Tal vez el Señor lo va a utilizar para ayudar a un médico, a un compañero de trabajo, o un amigo, quienes piensan que la muerte termina todo y por eso no tienen ninguna esperanza. Tal vez el Señor lo va a utilizar para llevar a alguien de su familia más cerca de él. Queremos que todos estén listos para el día de la muerte. Mientras tanto, haga suyo el lema de las palabras de san Pablo: **"Para mí, seguir viviendo es Cristo, y morir, una ganancia".**

Pregunta 4:

¿Por qué es usted creyente que Jesús es Dios?

Lucas 22:66-71

¿Quién es Jesús en realidad? Tal vez le sorprenda saber que quienes en este mundo no son cristianos, tienen una opinión muy buena sobre Jesús; creen que fue un gran maestro, un buen consejero, un honesto líder moral, un profeta, un hacedor de milagros, un activista de los derechos de la mujer, una persona dispuesta a morir por sus creencias. Pero, ¿Es Jesús Dios? Muchos no están de acuerdo, no importa lo que diga la Biblia. De hecho, los que andan en la oscuridad lo pueden desafiar a usted preguntándole: "¿Por qué es usted creyente que Jesús es Dios?" Esa es una pregunta que merece respuesta adecuada, porque realmente es un asunto de vida o muerte. No se trata sólo de un ejercicio intelectual; tiene que ver con nuestra salvación. Por eso tenemos que saber cómo manejar estas preguntas.

Entonces, ¿en realidad quién es él? ¿Qué dijo de él mismo? En nuestra moderna sociedad, es muy común la idea de que Jesús en realidad nunca dijo que él es Dios. Hay dos razones por las que una persona podría decir: "Jesús nunca dijo que él es Dios":

1. En realidad no sabe lo que dice la Biblia; o
2. En realidad no acepta lo que dice la Biblia.

En la primera categoría están los que nunca fueron llevados a una iglesia, y los que nunca han leído la Biblia; todo lo que saben de ella es lo que han oído de otros, pero en realidad no saben lo que dijo Jesús. Si trataran de comenzar a buscar las respuestas en la Biblia, en verdad no sabrían dónde buscarlas. Esta primera categoría incluye también a los testigos de Jehová, que han producido una Biblia pervertida en la que cambian todos los pasajes que enseñan que Jesús es Dios. Realmente no saben lo que dice la Biblia.

En la segunda categoría están los que pueden saber lo que dice la Biblia sobre Jesús, pero no lo aceptan como la verdad; dicen que la Biblia tiene errores y que lo que está escrito en ella como palabras de Jesús no son lo que él dijo, sino que fueron inventadas por los cristianos muchos años después. A usted eso le puede parecer ridículo, porque pone en duda algo de la Biblia, pero este es el enfoque que se enseña en casi todas las clases de religión en las universidades seculares en los países. Quizás usted haya estado en una de esas clases. Entonces, ¿quién es Jesús? Veamos el testimonio de las personas que le rodeaban, y luego el testimonio de Jesús.

El Testimonio de Otros

¿Quién es Jesús? Pregúnteles a sus padres terrenales; ellos deben saber. El ángel Gabriel fue a María para hacerle saber lo que iba a suceder: iba a tener un hijo, concebido por el Espíritu Santo; ¿Y qué será este niño? **"Ahora vas a quedar encinta: tendrás un hijo, y le pondrás por nombre Jesús. Será un gran hombre, al que llamarán Hijo del Dios altísimo, y Dios el Señor lo hará Rey, como a su antepasado David, para que reine por siempre sobre el pueblo de Jacob. Su reinado no tendrá fin."** *Lucas 1:31-33.*

Así que cuando María concibió y le dijo a su novio José lo que había pasado, él no lo podía creer; eso era imposible. Ella lo habría engañado. Entonces el ángel fue también a él y le dijo que esa era toda la verdad. José recordó lo que había dicho Isaías: **"La virgen concebirá y dará a luz un hijo, y le pondrá por nombre Emanuel."** — que significa **"Dios con nosotros"**. *Isaías 7:14 (RV 95), Mateo 1:23.* Este bebé iba a ser Dios con nosotros.

¿Quién es Jesús? Pregúnteles a los pastores: se asustaron casi hasta morir por la aparición de un ángel glorificando a Dios, y también escucharon que había un bebé acostado en un pesebre en Belén. ¿Qué les dijo el ángel? **"Hoy les ha nacido en el pueblo de David el salvador, que es el Mesías, el Señor."** *Lucas 2:11.* Él es el Cristo, el Mesías prometido, y es el Señor. Tiene el nombre mismo de Dios. Y ha venido para ser su Salvador del pecado.

¿Quién es Jesús? Pregúnteles a los discípulos. Un día Jesús les preguntó ¿qué decía la gente, quién decían que era él? Ellos

respondieron: **"Algunos dicen que Juan el Bautista; otros dicen que Elías, y otros dicen que Jeremías, o algún otro profeta."**
"Y ustedes, ¿quién dicen que soy? —les preguntó."
"Simón Pedro le respondió: — Tú eres el Mesías, el Hijo del Dios viviente." *Mateo 16:14-16.* Como la gente de hoy, las multitudes de aquel entonces pensaban que era un fantástico maestro y predicador, tal vez incluso un profeta que regresó del cielo, pero no conocían o no aceptaban la verdad. Pedro respondió por todos los discípulos: Nosotros sabemos quién eres tú, eres el Mesías, el Cristo. Tú viniste del cielo, como fue prometido en el *Salmo 2.* Tú eres ese Hijo prometido, el Hijo del Dios viviente.

Y Jesús dijo algo inesperado. **"Luego Jesús ordenó a sus discípulos que no dijeran a nadie que él era el Mesías."** *Mateo 16:20.* Ahora ¿por qué dijo eso? ¿Por qué no quería que la gente supiera que él era el Mesías prometido? Era una cuestión de tiempo, la gente no estaba lista todavía para la verdad. El creyente común esperaba que el Mesías fuera un rey terrenal súper poderoso en este mundo, y Jesús no vino a ser eso, no vino a derrotar a los romanos, sino a morir bajo el poder de los romanos, y la gente no lo iba a entender.

¿Quién es Jesús? Les puede preguntar incluso a los demonios, ellos saben sin ninguna duda quién es Jesús. Cuando Jesús entró en un pueblo gentil llamado Gadara, los habitantes del pueblo no tenían idea de quién era; pero había un pobre hombre poseído por el demonio que habitaba en las cuevas y las tumbas de la ladera. Cuando Jesús se enfrentó a él, los malos espíritus que estaban en su interior dijeron que eran "Legión... porque eran muchos". Y después dijeron: **"¡No te**

metas conmigo, Jesús, Hijo del Dios altísimo! ¡Te ruego que no me atormentes!" *Lucas 8:28*. Los demonios sabían exactamente quién era Jesús, y estaban temerosos.

¿Quién es Jesús? También les puede preguntar a sus enemigos terrenales. **"El Señor es mi pastor"**, cantó David en el *Salmo 23*. Y Jesús dijo: Yo soy ese buen pastor, voy a dar mi vida por las ovejas y voy a cuidar de ellas. Después dijo: **"Lo que el Padre me ha dado es más grande que todo, y nadie se lo puede quitar. El Padre y yo somos uno solo."** *Juan 10:29,30*. Sus enemigos sabían exactamente lo que estaba diciendo, estaban listos para apedrearlo hasta la muerte. ¿Por qué? Se estaba haciendo uno con el Padre. **"No te vamos a apedrear por ninguna cosa buena que hayas hecho, sino porque tus palabras son una ofensa contra Dios. Tú no eres más que un hombre, pero te estás haciendo Dios a ti mismo."** *Juan 10:33*. Incluso sus enemigos sabían exactamente lo que estaba diciendo. Y muy pronto, en el juicio ante el Sanedrín, lo pusieron bajo juramento para lo que lo dijera de nuevo.

El Testimonio de Jesús

Vayamos a su juicio temprano en la mañana del Viernes Santo. Estaba de pie ante el Sanedrín, que era el consejo de 70 líderes religiosos, encabezados por el sumo sacerdote Caifás. Llegaron en medio de la noche, tratando de encontrar una manera de condenar a Jesús por algún delito, pero no lo pudieron hacer. Así que pusieron a Jesús bajo juramento de decir la verdad, toda la verdad, y nada más que la verdad, y luego le preguntaron: ¿Quién eres tú, Jesús?

> Dinos, ¿eres tú el Mesías? Él les contestó: —Si les
> digo que sí, no me van a creer. Y si les hago
> preguntas, no me van a contestar. Pero desde
> ahora el Hijo del hombre estará sentado a la
> derecha del Dios todopoderoso. Luego todos le
> preguntaron: —¿Así que tú eres el Hijo de Dios?
> Jesús les contestó: —Ustedes mismos han dicho
> que lo soy. Entonces ellos dijeron: —¿Qué
> necesidad tenemos de más testigos? Nosotros
> mismos lo hemos oído de sus propios labios. *Lucas
> 22:67-71*

Vamos a examinar el testimonio que da Jesús de él mismo.
Dice que es el Hijo del hombre; es el nombre que utilizó con
frecuencia para referirse a él mismo, con el fin de hacer énfasis
en su humanidad. Va a estar sentado a la diestra del Dios
todopoderoso, que es lo que decimos siempre en el Credo
Apostólico. El pensamiento de que Jesús está gobernando
desde el cielo salió de sus propios labios. Por eso le
preguntaron: "Muy bien, tú eres el Hijo del hombre; ¿eres tú
el Hijo de Dios? ¿Eres su Ungido, su Mesías, el Cristo?" Y
Jesús respondió: (literalmente) **"Ustedes mismos han dicho
que lo soy"**. Eso los hizo entrar en cólera, había dicho que
era Dios, utilizó el nombre de Dios. Cuando el Señor le habló
a Moisés desde la zarza ardiente, Moisés le preguntó cuál era
su nombre, y Dios le respondió: **"YO SOY EL QUE SOY"**.
Éxodo 3:14. Jesús dijo que ese era su nombre. Para el consejo,
eso era una blasfemia, merecedora de muerte; Jesús fue
condenado y crucificado.

Todavía al mundo de hoy le gustaría someter a Jesús a juicio por sus afirmaciones. Los sumos sacerdotes se opusieron con vehemencia y con saña a Cristo y su mensaje. ¿Por qué sigue ocurriendo lo mismo con tanta gente hoy en día? El problema es que si las afirmaciones de Jesús son verdaderas, entonces tienen un problema: algún día van a tener que responder ante Jesús por su pecado y su comportamiento, y no quieren pensar en eso. Tendrán que enfrentarse a su juicio. Lo más fácil es negarlo por completo, y por eso lo llevan a juicio en la corte de su mente y han decidido que tienen derecho a decidir si él dice la verdad o no.

Pero que nadie se engañe, Jesús ya no está en juicio, nosotros lo estamos. No importa lo que piense la gente, él es el que es; la opinión de la gente no puede cambiar el hecho de que Jesús es el Señor y Dios, que vino como hombre a la tierra. ¿Qué va usted a hacer con Jesús? ¿Qué va usted a hacer con sus afirmaciones? Sea creyente en él y tenga vida, condénelo y usted será condenado.

Que todos los que quieran crucificar a Jesús hoy, recuerden lo que sucedió la primera vez. Cuando empezó su calvario en la cruz, ¿qué dijo de todos los que lo querían muerto? **"Padre, perdónalos, porque no saben lo que hacen."** *Lucas 23:34*. Y después dio su vida también por ellos para pagar todos sus pecados. Es por eso que el Padre los pudo perdonar. Como ve, para que su sacrificio pudiera contar para todo el mundo, él tenía que ser Dios. Si Jesús hubiera sido solo un hombre, un buen hombre, incluso un hombre perfecto, habría muerto y habría ido al cielo, pero no nos habría servido de nada. Pero el hecho de que Dios mismo tomó nuestro lugar en la cruz significa que su sacrificio es suficiente para cada alma que haya vivido. Para que Dios pudiera solucionar el problema de nuestro pecado, tenía que hacer todo eso, y por eso Jesús vino en una misión de rescate.

"Entonces, ¿por qué ustedes los cristianos son creyentes que Jesús es Dios? Él nunca lo dijo." Con los hechos en su mano, usted puede demostrar que en verdad él lo dijo, y eso fue lo que hizo una gran cantidad de personas que estuvieron con él. Unos fueron hechos creyentes y otros no. Y cuando uno en realidad es creyente y conoce la verdad, esa pregunta deja de existir por completo; se convierte en una oportunidad para compartir la verdad con otras personas que no saben con certeza quién es Jesús. Y cuando esas personas lleguen a escuchar la verdad, quizás también ellas sean hechas creyentes en Jesús. El Espíritu Santo nos lleva a todos a decir: "El Señor es mi Pastor, nada me falta."

Pregunta 5:
¿Qué quiere decir con:
"No soy suficientemente bueno?"

Lucas 18:9-14

En una fría noche de enero iba conduciendo por el desierto en Nuevo México; los niños estaban durmiendo en el asiento trasero del auto, y nos detuvimos en Lordsburg para comprar combustible. Justo antes de que volviéramos a la carretera I-10, el coche se sacudió y algo en el eje delantero hizo un ruido terrible como si algo se estuviera moliendo. Con dificultad nosotros volvimos a la ciudad, y buscamos un lugar donde alojarnos. Todos los talleres de reparación de automóviles de la ciudad estaban cerrados, pero el gerente del hotel me sugirió que llamara a un amigo suyo, que podría abrir para ayudarme. Eran las 8 de la noche, y Manny estuvo dispuesto a ir a ver mi auto. Se dio cuenta de que el eje se había roto y llamó a un amigo que era dueño de una tienda de repuestos que estaba cerrada y que tenía las piezas adecuadas. En unas dos horas, mi auto estuvo listo; le di las gracias efusivamente a Manny porque por su ayuda podía llegar a casa esa noche. Y él me contó que el día anterior fue el funeral de su madre. Manny dijo: "Era una señora muy buena, la mejor". Yo le expresé mi solidaridad, y le dije que como ella había sido cristiana, estaba con el Señor en el cielo, porque todo el creyente en Jesús tiene vida eterna. Manny respondió: "Ella fue la mejor madre del mundo; estoy seguro de que fue lo suficientemente buena para tener vida eterna." Le respondí: "Estoy seguro de que fue una maravillosa madre cristiana, pero no es la bondad lo que la llevó al cielo, sino la fe en Jesús." No me parece que él entendió de qué le estaba hablando.

¿Qué le da a usted la confianza de que sus seres amados están con Jesús en el cielo? ¿Son salvos por la fe en Jesús, o porque fueron buenos? ¿Qué hay de usted? ¿Qué le da la seguridad de que va a ir al cielo? ¿Es por su bondad, o por medio de la fe? Tengo la esperanza de que su respuesta sea que es solo por Jesús. Pero es un hecho que la mayoría de los cristianos creen que son salvados por su propia bondad. Piensan así: El Dios justo siempre va a reconocer que el mundo en todas partes está lleno de gente buena y de gente mala, va a clasificar a esas personas y, desde luego, todas las personas buenas irán al cielo.

Eso suena muy razonable, es lo que la mayoría de la gente piensa, y lo que enseñan la mayoría de las religiones. Y esa es una gran equivocación, ojalá todos fueran creyentes en lo que dicen Jesús y la Biblia. Como se puede notar, hay un problema cuando se dice que las personas buenas van al cielo, y ese problema es este: ¿Cuándo es alguien suficientemente bueno? ¿Dónde está la línea divisoria entre ser lo suficientemente bueno y no alcanzar la suficiente bondad? ¿Cómo puede uno estar seguro de que es suficientemente bueno? Y como la mayoría de las personas nunca pueden estar seguras de que han sido suficientemente bunas, nunca pueden estar seguras de que van a ir al cielo. Y si alguien llegara a sugerir que quizás su nivel de bondad no es lo suficientemente alto, se verá obligado a escuchar esto: "¿Qué quiere decir con 'no soy suficientemente bueno?'"

Y esa es una pregunta que necesita iluminación. La gente anda en busca de luz en el mundo de tinieblas, y una de las preguntas principales es: ¿Cómo me puedo reconciliar con Dios? ¿Cómo puedo llegar a ser suficientemente bueno?

Jesús enseñó una corta historia sobre eso, mostró que la norma de bondad para estar bien con Dios es más alta de lo que alguien se pudiera imaginar. En la parábola nos muestra a dos hombres: uno que es muy, muy bueno, y otro que es muy, muy malo. Vamos a considerar primero al bueno.

El fariseo de la historia de Jesús es el hombre bueno, uno de los mejores. A todos les gustaban los fariseos, todos los admiraban, ellos eran las columnas de la iglesia y la luz que guiaba a la sociedad judía. Piense en las mejores personas que conoce en la iglesia, así era como la gente veía a los fariseos; no eran los líderes corruptos, sino por lo general eran los laicos piadosos. Se consideraba que los judíos debían ayunar una vez por semana, pero los fariseos ayunaban dos veces a la semana, todos los martes y jueves. Se consideraba que los judíos debían dar el diez por ciento de algunas cosas, pero los fariseos daban el 10 por ciento de todo. Se consideraba que los judíos debían descansar del trabajo el sábado, pero los fariseos descansaban de todo lo que pudiera tener algo que ver con trabajo, por ejemplo, caminar mucho el sábado. Todo el mundo veía cómo vivían y eran muy respetados. Ellos eran los buenos. Ciertamente el mundo sería un lugar muy agradable si hubiera muchas personas como ellos; no como el siguiente personaje.

En el extremo, completamente opuesto de la escala social, vemos al despreciable recaudador de impuestos. A los recaudadores de impuestos los odiaba casi todo el mundo, y por lo general con una buena razón; no era sólo porque recaudaban los impuestos, algo que a nadie le gusta hoy tampoco, era más que eso: practicaban el robo legal. El gobierno romano había establecido su sistema de impuestos de modo que le daba al recaudador completa autoridad para imponer la contribución en su área; había que pagar lo que él decidiera, y todo lo que recaudara por encima de lo que le exigía el gobierno era su paga. Sería lo mismo que si el recaudador de impuestos de nuestra ciudad tuviera que darle al gobierno local $50 por cada licencia de conducción, pero cobra $150 por cada una y guarda para él $100 por cada licencia. No hace falta decir que los recaudadores de impuestos eran ricos. A nadie le gustaban los recaudadores de impuestos.

Así que, de estos dos hombres, ¿cuál está bien con Dios? Todo el mundo pensaría: tiene que ser el fariseo. Desde el punto de vista del mundo, de lo que se puede ver en lo externo, difícilmente puede haber algo que discutir. Si se consideran los hechos, no hay punto de comparación entre un ladrón furtivo y un hombre piadoso que va siempre a la iglesia. El fariseo tenía que ser el que estaba bien con Dios; tenía que ser aquel a quien el Señor podría justificar: como un juez, lo declara no culpable, lo declara justo y salvo. Pero Jesús dice: "No". Usted ha señalado al hombre equivocado; el que está bien con Dios es el recaudador de impuestos, el hombre malo. ¿Cómo se puede explicar algo así?

Veamos todo esto un poco más cerca. Cada uno de esos hombres muestra su corazón en la oración en el templo. Eran oraciones privadas, pero Jesús nos deja entrar en ellas; Escuchen otra vez la oración del fariseo: **"El fariseo, de pie, oraba así: 'Oh Dios, te doy gracias porque no soy como los demás, que son ladrones, malvados, y adúlteros, ni como ese cobrador de impuestos. Yo ayuno dos veces a la semana y te doy la décima parte de todo lo que gano'."** *Lucas 18:11,12.* ¿Se dio cuenta de que esta oración en realidad no es una oración en absoluto? Es pura jactancia. El fariseo se estaba dando palmaditas en la espalda, y estaba cantando la vieja canción: "Señor, es difícil ser humilde, cuando uno es perfecto en todos los sentidos". Jesús dice que el fariseo se engrandece por lo que es; no busca el rostro de Dios. Esta feliz contemplándose a él mismo.

Pero tiene tiempo para notar a otros, como el publicano que está por ahí. Le da gracias a Dios de que es mucho mejor que un canalla como ése. ¡Por supuesto, Dios me aceptará!, porque ve que soy mucho mejor que todos esos otros.

¿Alguna vez ha sentido lo mismo? Vemos las noticias todas las noches, y vemos asesinos, narcotraficantes, violadores, asaltantes a mano armada, y podemos tener el mismo pensamiento: "Oh Dios, te doy gracias porque no soy como ellos." Escuchamos que se menciona un pecado en el sermón, y pensamos: "Sí, las personas que hacen eso son horribles; me alegro de que yo no soy así." ¿Y por qué pensamos así? En comparación con los demás, nos parece que salimos bastante bien. Miramos a los de nuestra propia congregación que no vienen a la iglesia con frecuencia, y pensamos: "Si esta gente viniera a la iglesia como yo, y trajeran sus ofrendas como lo hago yo, entonces sería mucho lo que nuestra iglesia podría hacer. Incluso en nuestra propia iglesia, yo soy uno de los buenos."

Eso es exactamente lo que el fariseo estaba pensando cuando entró en el templo; estaba basando su salvación en su propia bondad, y pensaba: "Ciertamente yo soy suficientemente bueno. Espere, ¿qué quiere decir, Dios, que no soy suficientemente bueno?"

A nosotros también nos gustaría justificarnos delante de Dios, mostrarle que somos muy buenos cristianos, hacerle saber todo lo que estamos intentando para poder pasar por las puertas del cielo. Y entonces el Señor clava la espada de su Palabra en nuestra bolsa hinchada de orgullo cuando le escuchamos decir: **"Porque les digo a ustedes que, si no superan a los maestros de la ley y a los fariseos en hacer lo que es justo ante Dios, nunca entrarán en el reino de los cielos."** *Mateo 5:20.* "¡Espera, Jesús, eso no es justo! Nadie puede ser mejor que eso, excepto tal vez tú mismo. ¿Qué quiere decir, no soy suficientemente bueno?"

Y entonces la Biblia sigue diciendo que no somos buenos en absoluto: **"¡No hay ni uno solo que sea justo! No hay** quien tenga entendimiento; no hay quien busque a Dios. Todos se han ido por mal camino; todos por igual se han pervertido. ¡No hay quien haga lo bueno! ¡No hay ni siquiera uno!" *Romanos 3:10-12*. Nadie es lo suficientemente bueno para ser justo a los ojos de Dios. Ni uno de nosotros puede estar bien con Dios por los propios esfuerzos; la Biblia dice: **"Porque si una persona obedece toda la ley, pero falla en un solo mandato, resulta culpable frente a todos los mandatos de la ley."** *Santiago 2:10*. Eso nos hace a todos culpables, ¿no es así? Aunque hubiéramos sido perfectamente buenos toda la vida, todo lo que se necesita es un pecado y ya somos pecadores. Entonces, ¿cómo puede alguien estar bien con Dios?

La respuesta la encontramos en el humilde publicano. **"Pero el cobrador de impuestos se quedó a cierta distancia, y ni siquiera se atrevía a levantar los ojos al cielo, sino que se golpeaba el pecho y decía: '¡Oh Dios, ten compasión de mí, que soy pecador!'"** *Lucas 18:13*. Él también fue al templo a orar, pero se quedó a un lado, porque sabía que no merecía estar allí; ni siquiera se atrevía a levantar la cabeza hacia el cielo; al contrario, con la cabeza agachada, se golpeaba el pecho por causa de su aflicción. Sabía lo que era y estaba dolorosamente consciente de sus pecados. No trató de excusarse diciendo que todos los recaudadores de impuestos hacían lo mismo que él; sabía que no había manera de que se pudiera justificar. Llevó una sola petición: "Oh Dios, ten compasión de mí, que soy pecador." Sencillamente confesó sus pecados e imploró la misericordia de Dios, pidiéndole que quitara de él sus pecados.

Y hay solo una razón por la que el Señor ya no estaba enojado con el recaudador de impuestos, por la que borró todos sus pecados y lo declaró "no culpable": sólo porque Jesús asumió todos los pecados de ese hombre e hizo lo mismo por nosotros. Cuando el único Bueno, el único Perfecto, pasó por el solitario camino de la cruz, padeció el castigo que nosotros merecíamos. Sí, nosotros merecíamos el castigo de la muerte, que es la paga del pecado, aunque uno considere que es malo, o parcialmente bueno, o bueno en la mayoría de los casos. Si alguien comete un pecado, tiene que pagar por él, y Jesús hizo eso por usted y por mí, y por todo el mundo de pecadores.

Y es por eso que Jesús dijo esto de ese recaudador de impuestos: "**Les digo que este cobrador de impuestos volvió a su casa ya justo, pero el fariseo no. Porque el que a sí mismo se engrandece, será humillado; y el que se humilla, será engrandecido.**" *Lucas 18:14*. En lugar de quejarnos diciendo: ¿Qué quiere decir: "Yo no soy suficientemente bueno?", nos humillamos y admitimos: "Señor, no soy suficientemente bueno. Dame de tu bondad."

He aquí una corta historia que muestra por qué ser bueno no es suficientemente bueno. Un hombre murió y fue al cielo. Ahí estaba San Pedro esperando en las puertas del cielo y le dijo "Este es el procedimiento: necesita 100 puntos para abrirse el camino al cielo. Usted me cuenta todas las cosas buenas que ha hecho, y yo le doy una cierta cantidad de puntos, dependiendo de lo bueno que haya sido. Cuando llegue a los cien puntos podrá entrar."

"Está bien", dijo el hombre. "Estuve casado con la misma mujer durante 50 años y nunca la engañé."

"Eso es maravilloso", dijo San Pedro "¡y eso lo hace merecedor de tres puntos."

"Tres puntos?", se quejó el hombre. "Bueno, yo asistí a la

iglesia durante toda mi vida y apoyé su ministerio con mis ofrendas y mis servicios."

"Estupendo!", dijo San Pedro, "eso ciertamente lo hace merecedor de otros dos puntos."

"¿Sólo dos? Bueno, fundé un comedor popular en mi ciudad y trabajé en un refugio para los veteranos sin hogar."

"Fantástico, por eso merece otros dos puntos", le dijo.

"¡Dos puntos!", gimió el hombre. "A este ritmo, la única manera de entrar en el cielo es por la gracia de Dios." "¡Eso es todo! Eso vale 100 puntos! ¡Adelante!" En su parábola, Jesús nos enseña un pensamiento radical que cambia por completo todo lo que se haya dicho sobre ser bueno. Jesús nos mostró que los malos van al cielo y los buenos no. Los malos pueden ir al cielo porque han sido perdonados. Personas como el recaudador de impuestos, Mateo; como el fariseo, Pablo; como usted y como yo.

Pregunta 6:
¿No conducen todos los caminos a Dios?

Juan 14:1-6

Ya era el momento para una devoción final después de la visita a una funeraria. Era un momento difícil y doloroso para la familia, porque el joven esposo y padre había muerto en un accidente de tráfico; aparentemente se había quedado dormido mientras regresaba a casa conduciendo desde Carolina del Sur. Así que terminé la devoción con la palabra de Dios y oración, y quería darle seguridad a la familia con las promesas de Dios. Les leí las palabras de consuelo y esperanza de Jesús: **"En la casa de mi Padre hay muchos lugares donde vivir; si no fuera así, yo no les hubiera dicho que voy a prepararles un lugar."** *Juan 14:2.* Les expliqué que Jesús ya había llevado su esposo y padre a casa; que podíamos estar seguros de eso porque él conocía el camino. Jesús dijo: **"Yo soy el camino, la verdad y la vida. Solamente por mí se puede llegar al Padre."** *Juan 14:6*. Jesús es el Camino al cielo, y su ser querido era creyente en él.

Lo que pasó después de eso fue algo que no me esperaba. La esposa había estado en la iglesia con su esposo un buen número de veces; estuvo cuando bauticé a sus hijas y les expliqué qué es el bautismo. Pero me llevó aparte después de la devoción aquella noche y me dijo: "Lo que dijo me ofendió. ¿Está tratando de decir que no voy a estar en el cielo con mi esposo? Usted sabe que yo soy judía."

Me tomó por sorpresa porque conocía su entorno, y parecía que ella era cristiana. Reuní mis pensamientos y le dije: "Lo siento si se sintió ofendida, pero pensé que usted también es creyente en Jesús. Además, Jesús era judío y los primeros creyentes en él eran judíos. Lo necesito para ser salvo e ir al cielo y lo mismo ocurre con todos los demás en el mundo. Lo que la molestó fueron las propias palabras de Jesús. Él quiere que usted también sea hecho creyente en él." Me di cuenta de que ella no quedó feliz con mi respuesta, pero yo no podía ni quería cambiar lo que el mismo Señor dijo.

Ese es el problema con nuestro tema de hoy. Lo más frecuente es pensar que todas las religiones son iguales, y que todas ellas son caminos válidos para llegar a Dios; encuestas recientes muestran que el 60% de los habitantes de este país, Estados Unidos, creen así; esa es la actitud de la mayoría de las personas en nuestro mundo. Parece que hay una "religión de acuerdo con Oprah" que una vez dijo en la televisión: "Hay muchos caminos a lo que llamamos dios". Si usted dice que el cristianismo es diferente a todas las otras religiones, o que Jesús es el único camino, entonces va a ser acusado de intolerancia, de fanatismo, o de algo peor.

Por eso este tema es importante para todos. Incluso si usted no ha tenido dudas personales de que Jesús es el único camino al Padre en el cielo, le puedo asegurar que muchos de sus familiares y amigos no están de acuerdo con usted; el 60% de ellos. Por eso es muy importante que todos conozcamos la verdad y seamos capaces de defenderla.

Cuando uno entra en una conversación sobre religión, alguien podría decir: "¿No conducen todos los caminos a Dios?" ¿Cómo va a responder a eso, además de decir "¿No, no conducen?" Un buen punto de partida es utilizar las mismas palabras de Jesús, para que la gente sepa que eso es lo que Jesús enseñó: **"Yo soy el camino, la verdad, y la vida. Solamente por mí se puede llegar al Padre."** *Juan 14:6.* Miremos con más atención lo que dijo Jesús de él mismo.

"Yo soy el camino"

Piense en el camino a Dios, como escalar una montaña. Si se trata de escalar el monte Everest, hay varias maneras de llegar a la cima. No todo el mundo toma la misma ruta. Eso es lo que piensa la gente de las diferentes religiones. Así se trate de cristianos, musulmanes, judíos, budistas, hindúes, se supone que cada ruta conduce a Dios. ¿Por qué no funciona eso?

El problema es que cada uno de los caminos a la cima está bloqueado por un gran cañón. Lo que produce ese gran abismo es el pecado, que nos separa del único Dios verdadero.

A menos que uno pueda encontrar una manera de cruzar el abismo y deshacerse del problema del pecado, no puede llegar a Dios. Hasta aquí, todas las religiones estarían de acuerdo. Entonces, ¿cómo se puede estar bien con Dios? Cada religión tiene sus leyes y mandamientos. En todas las religiones del mundo, a excepción de una, uno está bien con Dios haciendo sus mandamientos. Incluso en el budismo, que en realidad no cree en Dios, cada uno tiene que buscar un dios dentro de sí mismo y buscar la iluminación. Todo depende de la persona.

Pero el Señor dice otra cosa. Incluso en el Antiguo Testamento, nos dice: **"Sólo yo soy el Señor; fuera de mí nadie puede salvar."** *Isaías 43:11.* Sólo el Señor nos puede salvar, y lo ha hecho en Jesucristo. Jesús nos dice: "Yo soy el camino", porque sólo él puede salvar el abismo del pecado y cerrar la brecha. Eso es lo que hizo en la cruz. Cuando asumió el castigo por todos nuestros pecados, su cruz hizo posible que nosotros seamos llevados a pasar por la brecha y ser llevados a Dios. Por eso Jesús dice con tanta fuerza: "Solamente por mí se puede llegar al Padre". Sólo hay una solución al problema del pecado y esa solución es Jesús.

Para decirlo de otra manera, es una cuestión de la gracia frente a las obras. El cristianismo es el único que dice: Dios, en su gracia y amor lo ha salvado y perdonado a usted por medio de Cristo; todas las demás religiones están basadas en las obras y cada uno tiene que salvarse por lo que hace.

Entonces, ¿es usted creyente en que la gracia de Dios lo salva por la fe en Jesucristo? Todo depende de si Jesús está en lo cierto o no. Él dice:

¿No conducen todos los caminos a Dios?

"Yo soy la verdad"

En realidad es ahí donde está el problema. La Biblia es clara, pero la pregunta es: ¿Es verdadera la Biblia? ¿Dice Jesús la verdad? Mucha gente diría que Jesús está diciendo la verdad si para usted es la verdad, pero puede no ser la verdad para otra persona. Es muy común la opinión de que toda verdad es relativa, que no hay una verdad absoluta; y que los únicos que están realmente equivocados son los que dicen que tienen la verdad. Es verdad que eso le puede parecer bien a algunos, pero simplemente no funciona.

Por ejemplo: imagine que está en una habitación que no tiene nada más que paredes blancas, y alguien pregunta: "¿De qué color es la pared?" Algunos podrían entrar a debatir si es blanca o blanquecina, o de algún otro tono de blanco, pero si me acerco y digo: "Esta pared es negra", usted tendría que estar en desacuerdo. Sencillamente eso es falso. Dos cosas opuestas no pueden ser verdaderas al mismo tiempo; lo mismo sucede con los opuestos sobre cómo llegar a Dios: o son las obras, o es la gracia, no pueden ser las dos.

Otro ejemplo: ¿qué pasaría si tomara un vaso de agua y lo vertiera por encima de mi cabeza? Usted seguramente diría: "Se le van a mojar el cabello y la ropa". Pero, ¿qué sucedería si hago la siguiente afirmación: "No me voy a mojar; el agua solo rodará por encima de mí como si fuera un pato y llegará directamente al suelo." ¿Podría usted creerme? ¡Espero que no! Sería un falso maestro, tendría que remplazar mis afirmaciones y mis verdades por otra cosa. Y ahí es donde entran Jesús y su Palabra.

Jesús dice: Yo soy la verdad", y hace afirmaciones absolutas respecto de la verdad. En los cuatro evangelios dice 79 veces: "les digo la verdad", y son solo las ocasiones en las que hizo énfasis en eso. Todo lo que dijo es la verdad. Les voy a dar solo un ejemplo: **"Les aseguro que quien presta atención a lo que yo digo y cree en el que me envió, tiene vida eterna; y no será condenado, pues ya ha pasado de la muerte a la vida."** *Juan 5:24*. Ahí está otra vez el puente que cruza del lado de la muerte al lado de la vida. ¿Cómo se cruza el puente? Crea en mi Palabra, crea en el que me envió. Y entones, ya tendrá la vida eterna.

Cuando uno insiste en el hecho de que tiene la verdad, y que esa verdad viene de Dios, puede esperar oposición. La gente se molesta cuando uno le dice que sabe la verdad: "¿Quién se cree que es? ¿Es mejor que todos los demás?" Y por eso es tan importante hacer lo que dicen las Escrituras: **"Profesando la verdad en el amor"**. *Efesios 4:15*. Eso significa compartir la verdad, pero no ser arrogante o entrar en discusiones, porque eso no ayuda para nada, y puede ser causa de rechazo. No se sorprenda: ¿Qué le sucedió a Jesús cuando dijo la verdad? Los enemigos lo llevaron a la cruz, y Jesús dijo que nosotros también tendríamos que llevar nuestras cruces; algunas de ellas incluyen la ridiculización por anunciar la verdad.

Pero no permita que eso lo detenga. Dios **"quiere que todos se salven y lleguen a conocer la verdad"**. *1 Timoteo 2:4*. Y Jesús nos está anunciando la verdad cuando dice:

¿No conducen todos los caminos a Dios?

"Yo soy la vida"

Jesús dijo esto: **"Pues Dios amó tanto al mundo, que dio a su Hijo único, para que todo aquel que cree EN ÉL no muera, sino que tenga vida eterna."** *Juan 3:16*. Para tener vida aquí y por la eternidad, necesitamos la fe en él.

Sin embargo, algunos pueden decir: "Bueno, se necesita fe, pero toda fe es salvadora, siempre que uno sea sincero." Esa es una opinión común, y tenemos que admitir que en el mundo hay muchas personas que ponen nuestra sinceridad en vergüenza. Tenemos que admitir que los cristianos no siempre han sido muy amorosos con los demás, y que el amor a Dios también es a veces lamentablemente escaso. Hay gran cantidad de personas que son mucho más fieles a sus creencias. Necesitamos el perdón de Cristo por las veces que no hemos estado a la altura de nuestra fe. Pero solo la fe en él nos da la vida.

¿Por qué no sirve el solo hecho de tener fe en algo? Imagine la fe como estar abrazado y aferrado con fuerza a algo que lo va a salvar. Suponga que cayó de un barco en el océano y está a punto de ahogarse; alguien le lanza un salvavidas, y se aferra a él. El salvavidas lo salvó, usted simplemente se aferró a él. Ahora, ¿Qué hubiera pasado si en esa situación alguien le hubiera lanzado una piedra grande? No importa con cuanta fuerza se aferre a ella, no creo que lo vaya a salvar. Es por eso que necesitamos a Jesús; sólo cuando nos aferramos a él nos puede dar vida. Y Jesús nos anima para que nos aferremos a él. ¿Qué dice en la primera parte de nuestra lectura? Habla de la fe, dice que es confianza: **"No se angustien ustedes.**

Crean en Dios y crean también en mí. En la casa de mi Padre hay muchos lugares donde vivir; si no fuera así, yo no les hubiera dicho que voy a prepararles un lugar. Y después de irme y de prepararles un lugar, vendré otra vez para llevarlos conmigo, para que ustedes estén en el mismo lugar en donde yo voy a estar." *Juan 14:1-3.* Sólo la fe en Jesús le puede dar un lugar en la casa del Padre. Aférrese a él.

En resumen, si un amigo lo acusa de ser intolerante o de algo peor, porque usted cree que el cristianismo es correcto, utilice el ejemplo con el que se iniciamos esta sección. Digamos que para llegar al cielo hay que cruzar ese cañón. No importa lo que alguien intente hacer por él mismo, no importa cuántas leyes religiosas se esfuerce por cumplir, no importa lo bueno que haya sido, simplemente no lo puede cruzar; ninguno de esos puentes cruza ese abismo. Entonces Dios viene y dice: Le voy a construir un puente; ese puente es la cruz de mi Hijo. Crea en él y estará cruzando el puente. El Señor hace énfasis en:

1. Hay solo un Puente, todos tienen que cruzar de la misma manera. Y recuerde:

2. Todo el mundo es bienvenido, nadie está excluido.

3. Todo el mundo puede cumplir con el requisito, sólo camine por el puente! Crea y confíe en que Jesús lo puede llevar al otro lado.

¿Qué puede ser más inclusivo que eso? El puente de Jesús es para todos.

Pregunta 7:
¿Por qué hay tanta maldad en el mundo?

Jeremías 19:14 – 20:14

La primera vez que tuve que ocuparme de nuestra pregunta fue durante el verano de mi primer año en la universidad. Tres amigos y yo habíamos alquilado un apartamento para pasar el verano en Watertown, entre los años escolares en Northwestern College. Al otro lado de la calle vivía un hombre soltero de mediana edad, a quien le encantaba hablar de religión; conocía muy bien la Biblia, mucho mejor que yo en esa época, y en ocasiones pasábamos horas en franca discusión. A medida que los debates continuaron, comenzó a ser evidente que ese hombre conocía la Biblia, pero en realidad no creía lo que dice. Por último, reconoció que a pesar de que tenía antecedentes judíos, ahora era ateo. Su problema principal era este: "¿Cómo puede haber el Dios que permita que ocurra algo como el holocausto? No hay Dios, si permite que sucedan cosas como esas." La pregunta que no lo abandonaba era esta: "¿Cómo puede haber Dios con tanta maldad en el mundo?"

Ya no recuerdo lo que le respondí en esa época, pero lo que sí sé es que todos mis esfuerzos fueron inútiles. Él trató de persuadirme de que un joven tan inteligente como yo no podría ser pastor, porque me habría dado cuenta de que iba a desperdiciar mi vida. Obviamente, él tampoco tuvo éxito en persuadirme.

Pero esa pregunta ha asaltado a la gente desde tiempos inmemoriales, y el diablo la ha utilizado para socavar y destruir la fe en toda manera que puede. Es una pregunta que se debe abordar también hoy, así que la vamos a considerar.

La pregunta es muy antigua e incluso los no cristianos se han ocupado del problema. A Epicuro, el famoso filósofo griego, se le ocurrió el mejor enunciado de la lógica humana que he escuchado respecto de este problema. Hay tres posibilidades:

O Dios quiere abolir el mal, y no puede;
O puede, pero no quiere;
O no puede y no quiere.

Entonces, Epicuro llegó a estas conclusiones lógicas:
Si quiere, pero no puede, es impotente.
Si puede y no quiere, es malvado.
Pero si Dios puede y quiere abolir el mal,
Entonces, ¿cómo llega el mal al mundo?

Parece que es un razonamiento perfecto y cerrado, pero hay un gran agujero abierto en la lógica de Epicuro. Vamos a considerar la primera afirmación: Si Dios es omnipotente y todopoderoso, y lo es, entonces puede hacer lo que quiera, tiene el poder para hacerlo. Así que podemos desechar esta afirmación; y eso también elimina la tercera afirmación.

Pero la gran pregunta es la del medio: "Él puede abolir el mal, pero no quiere". Epicuro llegó a la conclusión de que si esto es cierto, entonces Dios debe ser malvado; pero esa conclusión es completamente errónea. Sabemos que Dios es perfecto y santo y aborrece el mal. Dios no es el autor del mal; el mal entró en su mundo perfecto a través del primer pecado: **"Así pues, por medio de un solo hombre entró el pecado en el mundo y por el pecado entró la muerte, y así la muerte pasó a todos porque todos pecaron."** *Romanos 5:12.* Así que la existencia del pecado y del mal, llegaron a través del pecado de Adán. Y todo ha ido empeorando desde entonces.

Así que tiene que haber una mejor respuesta a ¿por qué Dios puede abolir el mal, pero no quiere? La respuesta es sencillamente esta: *Él puede pero no quiere, porque tiene una razón.*

Ahora estamos preparados para entrar en el mundo de Jeremías. Jeremías fue un profeta de Dios en una época de gran maldad en el mundo. El pequeño reino del sur de Judá se estaba pudriendo desde adentro; desobedecieron de manera deliberada los mandamientos de Dios y se fueron tras otros dioses. Además, los dirigentes no quisieron escuchar al Señor ni a sus profetas, pensaban que tenían una mejor solución a sus problemas en el mundo de la política.

Pero en ese mundo había males aún mayores que provenían desde el exterior. El poderoso y malvado reino de Babilonia estaba fuera de la ciudad, amenazando con destruirlo. Así Jeremías fue enviado a decir esto: **"El Señor todopoderoso, el Dios de Israel, dice: 'Voy a enviar a esta ciudad y a todos sus poblados todos los castigos que les he anunciado, porque se han puesto tercos para no obedecer mis palabras.'"** *Jeremías 19:15.* Como el pueblo de Dios era tan obstinado y no se resistía a arrepentirse de sus pecados, y no quería escuchar a Dios, entonces iba a ocurrir un desastre, a menos que cambiaran, si seguían resistiendo a ser guiados en arrepentimiento.

¿Y qué le ocurrió a Jeremías por haberles dicho esa verdad? **"Cuando Pashur, hijo de Imer, que era sacerdote e inspector mayor en el templo, oyó a Jeremías pronunciar esta profecía, mandó que lo golpearan y lo sujetaran en el cepo que estaba en la Puerta Superior de Benjamín, junto al templo."** *Jeremías 20:1,2.* Pashur se sintió ofendido por lo que dijo Jeremías; él y los otros líderes comenzaron a pensar: "Si el Señor es nuestro Dios, nunca nos haría eso. Es verdad que hemos hecho algunas cosas malas, ¿pero tanto como para que destruya por completo nuestra ciudad? Él no puede permitir que eso suceda."

Hasta el día de hoy, a la gente le gusta dar excusas y pensar que el Señor no tiene derecho a castigar, no importa lo que hayan hecho o cuánto se han apartado de él. Ya se trate de los ataques del 9/11 (9 de septiembre) en Nueva York, o de cualquier otro de los desastres que golpean nuestro mundo, ¿no está el Señor tratando de llamarnos a todos: a volver a él, al arrepentimiento, a admitir con humildad que no somos tan grandes ni tan perfectos como país? Si no lo reconocemos, estamos perdidos.

Así que Dios tiene una razón cuando permite las cosas malas que suceden. En primer lugar, es un llamado al arrepentimiento. Pero eso sigue sin responder a la pregunta de ¿por qué el mal hiere a personas que no están en rebelión deliberada en contra de Dios, a personas que son cristianas, que aman al Señor, que desean seguirlo? ¿Y cuál podría ser la razón que tiene para todo esto?

A veces, queridos amigos, sencillamente no sé cuál es la razón. Mi alcance visual es demasiado limitado. No puedo ver el panorama general de las cosas, y no puedo conocer el futuro. C.S. Lewis comparó nuestro intento de entender a Dios con una hormiga que va andando alrededor de una pata de un elefante, buscando qué tipo de animal es. Simplemente no lo podemos ver. Como dijo el Señor en una ocasión por medio de Isaías: **"'Porque mis ideas no son como las de ustedes'....El Señor lo afirma"**. *Isaías 55:8,9*. No tenemos el panorama completo, pero les puedo asegurar esto: todo lo que Dios permite que ocurra en este mundo tiene una razón, por lo general una razón espiritual para llevar más personas a su reino. No lo podemos entender.

Es un poco como ir al dentista: pronto aprendemos a no querer ir. ¿Por qué? ¡Porque puede doler! Y sin embargo, si tiene la edad suficiente, usted entiende que es por su bien. Imagine un niño de tres años sentado en el consultorio del médico, y entra la enfermera con una guja para inyectarlo. ¿Qué sucede cuando ese niño recuerda lo que pasó la última vez que vio una aguja hipodérmica? Pero el padre y la madre, le ayudan a la enfermera poner la inyección, porque saben que un poco de dolor ahora es por su bien, para evitar mucho dolor después. Así es Dios.

Y hay mucho más. Dios estaba dispuesto a hacer algo respecto del mal que Pedro no podía entender. Jesús les había dicho que **"los jefes de los sacerdotes y los maestros de la ley lo harían sufrir mucho. Les dijo que lo iban a matar, pero que al tercer día resucitaría."** *Mateo 16:21.* Eso no tenía sentido para Pedro. ¿Por qué tenía que sucederle todo eso a Jesús? **"¡Dios no lo quiera, Señor!"**, dijo. **"¡Esto no te puede pasar!"** Y Jesús tuvo que reprenderlo: **"¡Apártate de mí, Satanás, pues eres un tropiezo para mí! Tú no ves las cosas como las ve Dios, sino como las ven los hombres".** *Mateo 16:23.* Jesús le dijo: "Pedro, estás actuando como Satanás, estás tratando de tentarme a pensar que no tengo que sufrir. Estás pensando como un hombre, no como piensa Dios."

Y así vemos que Dios se hizo incomprensible. Entró en este mundo malo y pecador. Dios mismo se sujetó a todos los males que este mundo puede ofrecer. El único perfecto fue condenado injustamente; el malo quedó en libertad. ¡Eso no es justo! Dios ¿dónde estás? **"Dios mío, Dios mío, ¿por qué me has abandonado?"** Pero en lo más profundo Jesús sabía por qué, y nosotros también. Dios mismo cargó con nuestra maldad y con la maldad de todo el mundo en la cruz; sufrió el colmo de la injusticia, para que podamos ser libres. La respuesta al mal es la cruz de Cristo.

Y como lo había prometido, resucitó al tercer día. Tenemos la certeza de que él controla todo, que gobierna sobre todas las cosas, y como lo ha prometido, va a volver. ¿Qué ocurrirá entonces? ¿Por qué hay tanta maldad en el mundo? La razón más importante es esta: **Él puede detener el mal, pero no quiere, todavía.**

Hay muchas cosas que no entendemos, porque estamos justo en medio de la historia, y no hemos llegado al final del libro, todavía. Sabemos que el Señor va a destruir la maldad y la muerte, que las va a apartar de nosotros para siempre. Pero aún no ha llegado el momento.

Mientras tanto, nos podemos sentir como Jeremías, cuando estaba sufriendo injustamente: **"Señor, tú me engañaste, y yo me dejé engañar; eras más fuerte, y me venciste. A todas horas soy motivo de risa; todos se burlan de mí. Siempre que hablo es para anunciar violencia y destrucción; continuamente me insultan y me hacen burla porque anuncio tu palabra."** *Jeremías 20:7,8.* Jeremías se queja ante Dios: "Señor, tú me engañaste. Tú no me dijiste que esto iba a resultar tan mal." Eso no era cierto, pero así se sentía Jeremías. "Cuando yo te defiendo, abusan de mí. Eso no es justo."

Pero en medio de todo eso, Jeremías sabe que va a haber una solución: **"Señor todopoderoso, tú que examinas con justicia, tú que ves hasta lo más íntimo del hombre, hazme ver cómo castigas a esa gente, pues he puesto mi causa en tus manos."** *Jeremías 20:12.* El Señor se vengará de los malvados, pero eso no ha ocurrido todavía. Y, qué difícil es para nosotros esperar. Queremos que el Señor detenga todo el mal ahora.

Por la fe, confiamos en que él lo va a hacer y por eso podemos responder como Jeremías: "**¡Canten al Señor, alaben al Señor!, pues él salva al afligido del poder de los malvados.**" *Jeremías 20:13*. Pero como eso no ha sucedido todavía, podemos girar 180 grados y al mismo decir lo contrario de Dios, como hizo Jeremías: "**¡Maldito el día en que nací! ¡Que el día en que mi madre me dio a luz no sea bendito!**" *Jeremías 20:14*. Si usted no entiende cómo pudo Jeremías decir las dos cosas al mismo tiempo, no ha sufrido mucho.

Finalmente, todo se reduce a la fe. Yo no tengo la pretensión de entender o explicarle todas las complejidades de cómo obra Dios en este mundo. Pero sé que él es todopoderoso, que él es bueno y que algún día todo va a estar bien.

Así que vamos a resumir. Si no hay Dios, entonces Hitler tenía razón. Entonces debe ser la supervivencia del más apto, sólo sobrevivirán los fuertes. Que mueran los débiles y los discapacitados. El mal es la forma en que la evolución se deshace de los que no son superiores.

Pero sí hay Dios. Recuerde que él odia el mal. Tomó el mal sobre él mismo. Y como Jesús caminó sobre este mundo malo, y murió, y resucitó, entonces los débiles, los trabajados, y los cansados, no solo sobrevivirán: vivirán para siempre.

Pregunta 8:

¿Cómo puede el Dios amoroso enviar gente al infierno?

Lucas 16:19-31

¿Cuándo fue la última vez que escuchó algo acerca del infierno? Aparte de escucharlo en la Biblia o en la iglesia, es probable que haya sido en un chiste. Hay muchos chistes circulando por ahí acerca de nuestro tema, pero no voy recordarles ninguno de ellos. ¿Por qué no? Primero, porque el infierno es real, no es asunto de bromas. A menudo se cuentan chistes acerca de las cosas que tememos, y si el infierno es real, sin duda es algo de temer.

En segundo lugar, si la Biblia es verdad, el infierno es real. Creo que la Biblia es verdad en todo lo que dice. Y ocurre que

63

en realidad Jesús habló más sobre el infierno que sobre el cielo. Muchos quisieran que Jesús no hubiera dicho lo que dijo. Incluso si son creyentes en que Jesús es real, comienzan a pensar que algunas porciones de la Biblia son inventadas, porque no quieren aceptar la realidad del lugar de castigo.

Una de las razones de peso por las que la gente ha rechazado la Biblia, es la pregunta muy seria que tenemos para hoy: "¿Cómo puede el Dios amoroso enviar gente al infierno?" ¿Se ha hecho usted alguna vez esa pregunta? Usted podría decir: sí, el pecado merece el castigo de Dios, pero las llamas y el fuego por la eternidad, sin final ni escapatoria, ¿no es un poco exagerado? ¿Es justo que alguien que no es creyente en Jesús vaya a sufrir para siempre? ¿Y si nunca tuvo la oportunidad de escuchar el evangelio? ¿Y los niños? Son preguntas buenas y válidas, y vamos a dejar que la palabra de Dios nos de algunas respuestas hoy.

En primer lugar, me gustaría darle la vuelta a la pregunta un poco. El Señor es el Dios amoroso y lleno de compasión y misericordia para todos en todo el mundo. Eso es cierto. Pero ¿debe permitir que la gente salga impune del pecado y de la maldad? Lo que yo propongo es lo siguiente: siendo Dios santo y justo, ¿cómo NO enviaría algunas personas al infierno?

Tenemos un sentido humano de la justicia que viene de Dios; es parte de la conciencia, la ley de Dios escrita en el corazón. ¿Le parece bien, en un crimen violento, que la víctima deba sufrir y el criminal quede impune? Cuando los terroristas secuestraron los aviones el 9/11, tal vez estaban bailando de alegría cuando los estrellaron contra las torres gemelas, pero ¿cree que Dios, el verdadero Dios, los envió al cielo? Al contrario, estoy seguro de que están experimentando lo que son las verdaderas llamas. Cuando una persona comete un asesinato terrible, o un líder sanguinario trata de exterminar poblaciones enteras, ¿debería Dios dejarlos impunes?

Pueden salirse con la suya en la tierra, o en el sistema judicial, pero finalmente se aplaca mi sentido de indignación cuando escucho que no tengo que tratar de tomar venganza, porque Dios lo hará. "**Queridos hermanos, no tomen venganza ustedes mismos, sino dejen que Dios sea quien castigue; porque la Escritura dice: 'A mí me corresponde hacer justicia; yo pagaré, dice el Señor.'**" *Romanos 12:19.* Y así también Isaías termina su profecía con una advertencia para los que se rebelen contra el verdadero Dios. En el fin del mundo, los creyentes harán esto: "**Vendrán y verán los cadáveres de los hombres que se rebelaron contra mí. Los gusanos que se los comen no morirán, y el fuego que los devora no se apagará. ¡Serán algo repugnante para toda la humanidad!**" *Isaías 66:24.*

Espero que esté diciendo conmigo: sí eso tiene sentido; el fuego del infierno es para los malos y terribles. Pero ¿van a tener todos los incrédulos el mismo castigo? ¿Qué pasa con todos esos seres humanos que andan por ahí, que no son criminales, que son ciudadanos buenos y amorosos y tal vez creen en otra religión, sólo que no son creyentes en Cristo? ¿Qué pasa con los niños inocentes? ¿Van a sufrir el mismo fuego y castigo? Esa es una buena pregunta que merece una respuesta adecuada, y la sencilla respuesta a eso es no, ese tipo de gente no sufrirá el mismo castigo para siempre. Ahora, no estoy negando que todos necesitamos a Jesús para ser salvos; sin él, nadie puede llegar al cielo. Nadie es inocente, porque todos somos pecadores, jóvenes y viejos por igual, y que necesitamos a Jesús para ser salvos del pecado, incluso los bebés pequeños. Sin embargo, la verdad de la Biblia es la siguiente: no todos van a recibir el mismo castigo.

Para describir el inferno, algunos toman una vela y dicen: ¿qué ocurriría si usted acerca un dedo a esta llama y lo deja ahí? Eso es lo que le sucederá a todo su cuerpo por toda la eternidad. Creo que usan esa ilustración para tratar de llevar a la gente al cielo mediante el terror. El simple hecho es que las llamas terrenales son un ejemplo del castigo del infierno, pero su cuerpo no podría seguir existiendo en esa llama. Es igual que cuando la Biblia describe el cielo; Dios usa términos terrenales que podamos entender para describir algo que está más allá de nuestra comprensión. Lo mismo pasa con el inferno; Jesús también lo describe como oscuridad completa o tinieblas: **"Y a este empleado inútil, échenlo fuera, a la oscuridad. Entonces vendrán el llanto y la desesperación."** *Mateo 25:30.* Pedro dice de algunos falsos maestros: **"Están condenados a pasar la eternidad en la más negra oscuridad".** *2 Pedro 2:17.* Ante todo, el infierno es la separación de Dios, un lugar de oscuridad lejos de la Luz, es un lugar en el que no habrá bendiciones de Dios, y no será lo mismo para todos.

Cuando Jesús entró en detalles acerca de los castigos que Dios va a imponer, explicó: **"El criado que sabe lo que quiere su amo, pero no está preparado ni lo obedece, será castigado con muchos golpes. Pero el criado que sin saberlo hace cosas que merecen castigo, será castigado con menos golpes. A quien mucho se le da, también se le pedirá mucho; a quien mucho se le confía, se le exigirá**

mucho más.” *Lucas 12:47,48.* Los que han rechazado deliberadamente lo que Dios les ha dicho, los que han dicho que el Señor es su maestro, y después siguen andando en contra de su voluntad y desobedecen de manera deliberada sus mandamientos, pueden esperar lo peor; Jesús dijo que ellos recibirán muchos azotes. Pero los que no conocen nada mejor, los que son ignorantes o no conocen la verdad o al verdadero Dios, recibirán pocos golpes, recibirán un castigo, pero un castigo menos severo.

Creo que Dante Alighieri tenía el concepto correcto cuando escribió su poema clásico **La Divina Comedia**. En ese poema imaginó el infierno con diferentes niveles de castigo. En el primer nivel están los paganos virtuosos y los no bautizados. El segundo nivel es el hogar de los que quedaron atrapados en el pecado de la lujuria. El tercer nivel es para los glotones, el cuarto nivel es para los codiciosos, y así sucesivamente, hasta que desciende a los asesinos, los herejes, y traidores. En lo más profundo está un monstruo que es Satanás, congelado en hielo, con Judas Iscariote en la boca. Desde luego, los detalles no son exactos, pero el concepto es correcto, no todos van a recibir el mismo castigo.

Ahora estamos listos para considerar algunos puntos de nuestro texto de hoy, acerca del rico que lo tenía todo en la tierra y fue al infierno, y el pobre Lázaro que no tenía nada en el mundo excepto la fe y fue llevado al cielo.

“Un día el pobre murió, y los ángeles lo llevaron a sentarse a comer al lado de Abraham. El rico también murió, y fue enterrado. Y mientras el rico sufría en el lugar adonde van los muertos, levantó

los ojos y vio de lejos a Abraham, y a Lázaro sentado a su lado.

"Entonces gritó: '¡Padre Abraham, ten lástima de mí! Manda a Lázaro que moje la punta de su dedo en agua y venga a refrescar mi lengua, porque estoy sufriendo mucho en este fuego.'

"Pero Abraham le contestó: 'Hijo, acuérdate que en vida tú recibiste tu parte de bienes, y Lázaro su parte de males. Ahora él recibe consuelo aquí, y tú sufres. Aparte de esto, hay un gran abismo entre nosotros y ustedes; de modo que los que quieren pasar de aquí allá, no pueden, ni de allá tampoco pueden pasar aquí.'" *Lucas 16:22-26*.

Punto #1
El rico no quería estar ahí.

De hecho, ni siquiera pidió que lo sacara de ahí, sabía que no podía, sólo quería que Lázaro le llevara un poco de agua para la lengua. La razón por la que aclaro esto es que a veces trata de decir que el infierno está lleno de personas que quieren estar ahí. En el clásico libro de C.S. Lewis, **The Great Divorce** (**El gran divorcio**), los que están en el infierno pueden tomar un autobús hasta el borde del cielo para ver si les gustaría estar ahí. Pero deciden que prefieren estar en el infierno, porque no quieren renunciar a sus pecados favoritos. A ellos el infierno les parece más divertido. Pero Jesús dice que el rico está solo, sentado en las llamas. Eso no me parece muy divertido.

Punto #2
No hay escapatoria ni segunda oportunidad.

No solo es imposible que el rico salga, tampoco Lázaro puede ir a visitarlo. **"Hay un gran abismo entre nosotros y ustedes; de modo que los que quieren pasar de aquí allá, no pueden, ni de allá tampoco pueden pasar aquí."** *Lucas 16:26.* Si hay segunda oportunidad o decisión, es exactamente aquí y ahora; este es el momento para ser hecho creyente en Dios, hoy es el día de salvación. Ahora el Señor quiere que seamos creyentes y que confiemos en él; cuando uno muere y ve cuales son las alternativas, ya no es un asunto de fe; en ese momento ya ha comprobado que son reales el cielo y el infierno.

Punto #3
El que ama el dinero
recibe uno de los peores castigos.

El rico está sufriendo el peor de los castigos en el infierno. No es un terrorista ni un asesino, sólo había convertido al dinero en su dios. El Señor quiere que veamos gráficamente que **"el amor al dinero es raíz de toda clase de males"**. *1 Timoteo 6:10.* El amor al dinero traerá el peor mal, el infierno mismo, porque el dinero se convierte en nuestro dios en lugar del Señor.

Punto #4
El rico no quería que ninguno
de sus seres amados fuera donde él estaba.

Como no pudo obtener ni una gota de agua, se le ocurrió otra idea:

> "El rico dijo: 'Te suplico entonces, padre Abraham, que mandes a Lázaro a la casa de mi padre, donde tengo cinco hermanos, para que les llame la atención, y así no vengan ellos también a este lugar de tormento.'
>
> "Abraham dijo: 'Ellos ya tienen lo escrito por Moisés y los profetas: ¡que les hagan caso!'
>
> "El rico contestó: 'Padre Abraham, eso no basta; pero si un muerto resucita y se les aparece, ellos se convertirán.'
>
> "Pero Abraham le dijo: 'Si no quieren hacer caso a Moisés y a los profetas, tampoco creerán aunque algún muerto resucite.'" *Lucas 16:27-31.*

"Si alguien volviera y advirtiera a mis hermanos; si vieran un milagro, creerían." Y Abraham respondió: "Tienen a Moisés y a los profetas, tienen la Biblia. Si no son creyentes en ella, tampoco van a ser creyentes ante la evidencia de un milagro." Incluso si Jesús resucita de entre los muertos.

Y eso nos lleva a la parte clave de la parábola. Vemos que el rico no quería que alguno de sus seres amados llegara allá. Para eso necesitaban escuchar la palabra de Dios. ¿Sabe qué?: Dios tampoco quiere que nadie vaya al infierno; San Pablo lo explica de esta manera: "[Dios, nuestro Salvador] **quiere que todos se salven y lleguen a conocer la verdad.**" *1 Timoteo 2:4.* Dios quiere que todos vayan al cielo, que conozcan la verdad de la salvación y sean creyentes en ella. O, como dice el Señor en Ezequiel: "**Pero yo, el Señor, juro por mi vida que no quiero la muerte del malvado, sino que cambie de conducta y viva.**" *Ezequiel 33:11.*

¿Cómo puede el Dios amoroso enviar gente al infierno?

El sencillo hecho es este: Dios es amor, ama a todo el mundo; quiere que todos sean salvados y sean llevados al cielo, sin importar quiénes son o lo que han hecho, quiere que sean convertirlos de sus malos caminos, que sean guiados al arrepentimiento y vivan con él para siempre. Si lo rechazan, la justicia de Dios exige que haya un lugar de castigo. Pero su gran deseo es que nadie llegue allá.

Considere el hombre cuyo nombre ha llegado a ser de mala fama, Judas Iscariote. Fue el discípulo que traicionó a Jesús entregándolo a sus enemigos por dinero. ¿Cuántas veces advirtió Jesús que había un traidor entre ellos? Muchas. La noche antes de la traición, Jesús le lavó los pies, como a los otros discípulos y le hizo saber que si llevaba a cabo su plan, hubiera sido mejor que no hubiera nacido. Jesús lo amaba, tanto que estaba tratando de detenerlo. Cuando Judas apareció en el jardín de Getsemaní con los soldados, Jesús lo llamó "amigo". Jesús hizo todo lo posible para evitar que Judas fuera al infierno; fue el único que se interpuso en la terrible marcha de Judas al infierno. Pero Judas no quiso escuchar.

Y finalmente Jesús hizo lo máximo por él, por usted, y por mí: fue a la cruz. Estaba diciendo: "No quiero que usted vaya al infierno; yo voy allá por usted. Dios mío, Dios mío, ¿por qué me has abandonado?" Esa es la descripción precisa del infierno: la separación eterna de Dios. Jesús sufrió el infierno por nosotros y por cada alma que haya vivido o llegue a vivir. No debemos temer. Ese es el mensaje que queremos llevar a todos, para que nadie más vaya a allá, sino que anden con fe en Cristo Jesús.

Pregunta 9:
¿Por qué es tan injusta la vida?

Lucas 13:1-5

El once de septiembre del 2001. No necesito decirle lo que significa; las imágenes están grabadas en la memoria. Para la generación anterior a nosotros, fue el 7 de diciembre del 1941. Si no está seguro de lo que significa la fecha, lo único que tengo que decir es "Pearl Harbor". Cada vez que hay un ataque sin sentido en el que murieron muchas personas, nos preguntamos: ¿POR QUÉ? ¿Por qué lo permitió el Señor? ¿Por qué tenían que morir esas personas? No lo merecían.

En las tragedias, incluso los cristianos, quizás en especial los cristianos, preguntan: ¿por qué? Sabemos que tenemos un poderoso Señor y Dios, quien controla todo en este planeta. Entonces, ¿por qué permite tanto mal y destrucción? Cada semana vemos desastres en las noticias. Si no es un huracán, es un terremoto, o un tornado; si no es un tornado, es un fuego arrasador. Y no olvide los disparos sin sentido, los atentados suicidas, y los accidentes aéreos. Ha habido tantos incidentes que después de un tiempo, ya no nos importa, hasta que el desastre golpee a algún conocido. Entonces exigimos una respuesta y queremos saber: "¿Por qué, Señor, les pasó esto a ellos? ¿Por qué me pasó esto a mí?"

En la época de Jesús era lo mismo; si hubiera habido un *Diario de Jerusalén*, los titulares hubieran dicho: "Galileos Asesinados en la Iglesia" O "Se Derrumba Torre y Mata a 18". Frente a las tragedias, Jesús tiene una respuesta, cuando preguntamos: **"¿Por qué es tan injusta la vida?"**

Jesús habló de dos catástrofes que hicieron que mucha gente se preguntara qué estaba pasando en su tiempo. ¿Qué podría tener Dios en mente? Esta es la primera: **"Por aquel mismo tiempo fueron unos a ver a Jesús, y le contaron que Pilato había mezclado la sangre de unos hombres de Galilea con la sangre de los animales que ellos habían ofrecido en sacrificio."** *Lucas 13:1*. No sabemos nada más sobre este incidente, sólo lo que está registrado aquí. Unos creyentes galileos, como Jesús y la mayoría de sus discípulos, habían llegado a adorar y ofrecer sacrificios en el templo; por una razón desconocida, Pilato percibió una amenaza e hizo que sus soldados atacaran a esas personas en el templo. Esos galileos fueron cortados en el templo, junto con sus sacrificios de animales.

No fue un pistolero solitario y demente, el que entró a la iglesia, fue el gobierno mismo que entró al templo del Señor y masacró a los creyentes. Entonces la gente se preguntaba: ¿Por qué les sucedió a esos galileos, y no a otros? ¿Fueron acaso merecedores de ese castigo? Quizás no eran sinceros en la adoración, o quizás fue porque estaban pecando de otras maneras, que esto les ocurrió. Respondió Jesús: **"¿Piensan ustedes que esto les pasó a esos hombres de Galilea por ser ellos más pecadores que los otros de su país? Les digo que NO."** *Lucas 13:2,3*. Pensar que los que murieron eran peores que el resto y que merecían ese castigo, era la respuesta incorrecta.

Jesús señaló el otro evento de actualidad en Jerusalén. Había una torre cerca de la piscina de Siloé, en la parte sur de la ciudad, que no solo se derrumbó, sino que cayó sobre unas personas y mató a 18 de ellas: **"¿O creen que aquellos dieciocho que murieron cuando la torre de Siloé les cayó encima eran más culpables que los otros que vivían en Jerusalén? Les digo que NO"** *Lucas 13:4,5*.

Cuando Jesús da una respuesta acerca de los desastres, deja en claro que la respuesta común es del todo equivocada. La respuesta común equivocada era esta: las personas sufren desastres porque han pecado; unas gentes comparadas con otras sufren calamidades en la vida porque hacen cosas malas. En otras palabras, merecen su castigo. Supongo que usted podrá decir que ese sistema es justo, hasta que le pase algo malo a usted mismo.

Muy a menudo, las personas imaginan que Dios tiene una lista de registro en el cielo. Por cada mal pensamiento, cada palabra hiriente, cada acto de desobediencia, se obtiene una marca en el lado malo, y por cada buena obra se obtiene una marca en el lado bueno. Cuando las marcas malas son muchas más que las buenas, algo malo va a suceder. Quizás Dios envíe un tornado que derribe su casa o le envíe un cáncer terminal. Si hay muchas personas malas en una ciudad, quizás envíe un huracán a esa ciudad. A los peores pecadores se les caen las torres, o los matan en la iglesia. Eso es lo que piensa mucha gente.

Qué dijo Jesús sobre esa forma de pensar? Va directamente al grano y dice: **"Les digo que no"**. Jesús dice con toda claridad que es un error pensar que toda dificultad o catástrofe es el castigo por algún pecado específico; o que los que sufren una tragedia son más pecadores que yo. De hecho, la Biblia dice: **"Pues no hay diferencia: todos han pecado y están lejos de la presencia gloriosa de Dios."** *Romanos 3:22,23.* A los ojos de Dios, no hay grandes pecadores y pequeños pecadores, ni pecadores malos y pecadores buenos. Uno es pecador o no. ¿Está limpio su registro, perfectamente limpio? Si no, merece castigo.

Piense en un vaso de agua clara como la tierra perfecta que Dios creó en seis días. Todo funcionaba a la perfección. Eran un mundo y una existencia, llenos sólo de bendiciones. Pero, ¿qué ocurrió después? Adán y Eva pecaron, le echaron suciedad al mundo perfecto. Habían desobedecido a Dios una vez, y ahora todo estaba en completa ruina. Habían traído la muerte al mundo

Y ahora vamos a aplicar todo a nosotros mismos. Tenemos sólo un poco de suciedad en nuestra vida; esa persona que está ahí ha estropeado el vaso por mucho tiempo en la vida, tiene una gran cantidad de suciedad y de pecado en su vida. Ahora, ¿de cuál vaso de agua le gustaría tomar? Ninguno de los dos es bueno. Como les ocurrió a Adán y a Eva por un pecado, hemos perdido la pureza y merecemos el rechazo de Dios.

Así que, queridos amigos, ¿cuál es la diferencia entre esos galileos asesinados, y usted, y yo? ¿Cuál es la diferencia entre las 18 personas aplastadas por la torre de Siloé, y usted, y yo? ¿Cuál es la diferencia entre los que murieron en las Torres Gemelas en Nueva York, y usted, y yo? Absolutamente ninguna. La única razón por la que no todos recibimos el castigo que merecemos es esta: Jesús sufrió nuestro castigo cuando murió por nosotros; sólo él nos pudo hacer limpios de nuevo, mediante la eliminación de la suciedad y del pecado. Él es el purificador; su sangre, derramada en la cruz, nos purifica de todo pecado. Y la buena noticia es que lo hizo por todos, así hayan estropeado su vida mucho o sólo un poco.

Así que cuando la tragedia golpea la vida, ¿por qué cree que Dios es injusto? Tal vez eso tiene que ver con las expectativas en la vida; la mayoría de la gente tiene expectativas muy altas sobre lo que debería ser su vida, en especial si la persona ha estado siguiendo al Señor. Pensamos, de manera lógica, que la mayor parte del tiempo somos buenas personas, que merecemos todo lo bueno de la vida. Y por eso no nos sorprende de ninguna manera que nos ocurran cosas buenas, como una promoción, la aceptación en la universidad a la que aspiramos, el nacimiento de una hija o de un nieto. No nos sorprendemos cuando podemos comprar la casa con la que habíamos soñado o el auto tan deseado o irnos a unas vacaciones exóticas. Esas son las expectativas para muchos de nosotros, y podemos pensar incluso: "Por fin, estoy recibiendo lo que merezco".

El problema viene cuando las expectativas no concuerdan con la realidad, cuando lo que recibimos es mucho peor de lo que esperábamos, cuando nos golpea lo peor que puede pasar, cuando perdemos el empleo, o la casa, o la salud; en circunstancias como esas nos preguntamos: ¿por qué es Dios tan injusto? Con unas expectativas tan altas, quedamos completamente devastados cuando nos ocurre una tragedia o nos llegan dificultades. "Pero yo soy hijo tuyo, Señor; soy parte de tu familia. ¿Cómo pudiste permitir que esto me sucediera?" Creemos que, como somos cristianos, todo nos debe salir viento en popa; pero no es así, Dios no nos prometió eso. Entonces, ¿cuál es la respuesta? ¿Por qué es tan injusta la vida?

¿Qué dice Jesús? Todas esas personas que murieron ¿eran peores que usted o yo? ¡NO! Pero, **"si ustedes mismos no se vuelven a Dios, también morirán".** Las cosas malas que nos ocurren y las catástrofes de las que escuchamos en las noticias, son el llamado de Dios al arrepentimiento, nos ayudan a cambiar la forma de pensar acerca de qué es lo más importante en la vida. En lugar de unirnos a la búsqueda de la felicidad como objetivo principal de la vida, Dios nos recuerda que todas esas cosas podrían desaparecer en un instante. Cuando tenemos su amor y su perdón, eso es lo que cuenta para toda la eternidad. En lugar de calcular el éxito por la cantidad de dinero que gana y cuantas son sus propiedades, Dios nos recuerda que el único éxito que importa es tener la salvación de nuestra alma. Como dijo Jesús una vez: **"¿De qué le sirve al hombre ganar el mundo entero, si pierde la vida?"** *Marcos 8:36.*

Entonces, ¿qué debemos esperar de Dios? Lo que en realidad recibimos supera con creces todas las expectativas terrenales. El mayor don de su gracia fue cuando nos dio a su Hijo; el inmerecido regalo del amor de Dios nació como un bebé en Belén, fue condenado a muerte en la cruz, y resucitó de entre los muertos al tercer día. Como Jesús hizo todo eso por nosotros, ahora tenemos un nuevo conjunto de expectativas: podemos esperar que siempre que nos reunimos en su nombre para adorar, él está con nosotros; podemos esperar que cada vez que oramos, él escucha nuestras oraciones; podemos esperar que cuando recibimos la Cena del Señor, recibimos bendiciones especiales de Jesús y su presencia. Y podemos esperar que cuando salgamos de este mundo de tragedia y dolor, viviremos con él en la gloria del cielo. Ahora pongamos todo junto.

¿Por qué es tan injusta la vida? ¿Por qué esta tragedia le sucedió a uno y no a otro? ¿Se dio cuenta de que Jesús realmente no dio una respuesta? En realidad no lo dice; su preocupación es que estemos bien con Dios, y esa es la parte más importante. Por lo demás, el Señor sólo quiere que confiemos en que él dispondrá todo para bien. **"¡Ríndanse! ¡Reconozcan que yo soy Dios! ¡Yo estoy por encima de las naciones! ¡Yo estoy por encima de toda la tierra!"** *Salmo 46:10.* El Señor tiene el control de todo, y hará que todas cosas obren para bien. Así que, hasta que él obre, estemos en calma. Confiemos en Dios.

Recuerde que Dios en su amor no utiliza los desastres para castigar a sus hijos, los puede utilizar como disciplina amorosa si alguien se está alejando de él; los puede utilizar como una prueba de la fe, para fortalecernos. Dios puede permitir que una persona padezca dificultades o enfermedad para llegar a otros en la familia. Lo vi personalmente durante la enfermedad de mi madre: el Señor la utilizó para acercar a él otras personas de la familia. Ante todo, **"él quiere que todos se salven y lleguen a conocer la verdad".** *1 Timoteo 2:5.* Y la verdad nos hará libres, libres del pecado, libres de preocupaciones, libres de angustia por las aparentes injusticias de la vida.

Para hacer énfasis en esto, les voy a relatar una historia muy antigua, sobre un rey que abordó una galera de prisioneros. Era una embarcación tripulada por prisioneros que remaban en trabajo forzado como castigo por sus crímenes. El rey bajó de la cubierta para hablar con los criminales que movían los remos, les preguntó: ¿cuáles había sido sus delitos? Todos dijeron que eran inocentes, o culparon a otro, o acusaron al juez por injusto. Pero uno de ellos le dijo al rey: "Su majestad, merezco estar aquí, robé dinero, solo yo cometí el delito, soy culpable." Al oír esto, el rey gritó: "¡Canalla! ¿Qué está haciendo aquí con estos hombres de bien? Ordeno que seas liberado de su compañía." Y fue el único que se fue libre.

Así es con nosotros. Cuando el Señor nos pregunta qué hemos hecho, debemos admitir que somos culpables. Y él nos declara libres. ¿Qué podría ser más grande que ser libre del pecado y su castigo?

Así que la próxima vez que piense que la vida es demasiado injusta, recuerde lo que tiene por causa de Cristo. Lo que le ocurrió a él fue lo más injusto, y es lo siguiente: Jesús murió por usted y por mí. ¿Fue justo que el inocente muriera por los culpables? ¿Fue justo que el perfecto fuera tratado como un criminal? Sin embargo, ese era el plan de Dios. Permita que el Señor concluya su plan también en su vida. Y cuando esté en el cielo, nunca jamás va a pensar que Dios fue injusto.

Pregunta 10:
¿Por qué es tan difícil hacer lo que debo?

Romanos 7:18-25

¡Ya lo ha logrado! La oscuridad se ha ido y usted está a la luz de Cristo, es creyente en él como su Salvador, puede decir con confianza: "¡Soy hijo redimido de Dios! ¡Jesús ha quitado mi pecado! Soy santo a los ojos de Dios y ya no soy esclavo del pecado." Y si todo esto es verdad, y lo es, ¿por qué es tan difícil hacer lo que debo?

Si usted es un cristiano nuevo, tal vez pensó que las cosas iban a ser muy diferentes ahora; y algunas lo son, pero no tanto como pensaba. A veces se siente más culpable que antes, y todavía lucha contra el pecado y la tentación. ¿Qué está pasando? ¿Por qué es tan difícil hacer lo que debo?

Usted llevó a sus hijos para ser bautizados. Sabemos por la palabra de Dios que ahora el Espíritu Santo vive en ellos, y tienen la nueva vida espiritual; han nacido de nuevo, pero usted no lo puede ver; no puede ver ninguna diferencia en su comportamiento. Si estuvieran vivos espiritualmente, ¿no iban a dejar de pelear, a ser más amables con los demás, escuchar mejor? ¿Por qué les es tan difícil hacer lo que deben?

¿Qué está pasando aquí? Nosotros no somos cristianos particularmente corruptos, no más que otros cristianos en esta tierra, pero estamos en las mismas condiciones que estaba san Pablo cuando habló de él mismo. En Romanos capítulo 6, dice que por causa de Jesús: **"Así también, ustedes considérense muertos respecto al pecado, pero vivos para Dios en unión con Cristo Jesús."** *Romanos 6:11.* Nuestra antigua naturaleza pecaminosa ha sido crucificada, muerta. Si eso es verdad, no debemos seguir siendo esclavos del pecado.

Pero ahora, ¿qué dice en el capítulo 7? **"Ahora bien, si hago lo que no quiero hacer, ya no soy yo quien lo hace, sino el pecado que está en mí."** *Romanos 7:20.* El pecado sigue viviendo en él, pero creo que acaba de decir que estaba muerto; ¿qué está ocurriendo aquí? ¿Se trata de una contradicción?

En la Biblia no hay ningún tipo de contradicciones, pero mis queridos amigos, estamos llenos de ellas. A los ojos de Dios, nuestra naturaleza pecaminosa ha muerto y estamos vivos en Cristo. Así es como él nos ve como sus hijos; pero al mismo tiempo nosotros los hijos tratamos de no ser castigados por el pecado. Todavía tenemos el pecado viviendo dentro de nosotros.

Por causa de Jesús, Dios nos ha declarado justos, no culpables; pero, al mismo tiempo, no somos tan justos en lo que hacemos y seguimos siendo culpables de pecados. Santos y pecadores al mismo tiempo, esa es la contradicción humana, mientras estemos viviendo en esta tierra.

Somos como el Dr. Jekyll y Mr. Hyde. ¿Cuántos de ustedes han leído la historia, o por lo menos saben algo al respecto? Se trata de una famosa novela escrita por Robert Louis Stevenson en 1886. El Dr. Henry Jekyll es un honesto hombre de bien según todas las apariencias: hace muchas cosas buenas por las personas y tiene muchos amigos. Pero hay una batalla en el interior del Dr. Jekyll. El doctor reconoce que hay una parte de él que quiere hacer el mal, y un día cree que ha encontrado la solución: crea una poción que puede expulsar todo lo malo que hay en él durante el día, y de esa manera es completamente bueno. En la noche, reaparece todo el mal y es completamente malo. Así que esto es lo que sucede en la noche: el buen Dr. Jekyll se transforma en el malvado Mr. Hyde. En la historia, el Dr. Jekyll no se dio cuenta de lo perversa que era su mala mitad; no creía que fuera tan egoísta, que llegara al punto de matar a cualquiera que se interpusiera en su camino.

Vemos claramente los opuestos en Jekyll y Hyde; y la verdad es que eso es lo que hay dentro de cada uno de nosotros. Por eso nos es tan difícil hacer lo que debemos; es por eso que muchos cristianos parecen muy malos en las cosas que dicen y hacen durante la semana, hasta el punto de que los que los observan consideran que son hipócritas. ¿Es usted el Dr. Jekyll en la mañana del domingo y Mr. Hyde durante el resto de la semana? Stevenson, el hombre que escribió la historia, era cristiano, y reveló que había tomado los pensamientos de su historia de lo que escribió san Pablo en Romanos 7. Veámoslo más de cerca.

"Aunque tengo el deseo de hacer lo bueno, no soy capaz de hacerlo. No hago lo bueno que quiero hacer, sino lo malo que no quiero hacer." *Romanos 7:18b, 19.* Tengo la intención de hacer lo correcto, pero simplemente no lo hago. En lugar de eso hago lo malo, el pecado. ¿Puede usted relacionar esto con su propia vida? Usted dice: "Hoy voy a ser verdaderamente paciente con mi cónyuge", pero es precisamente el día en que estalla por la cosa más insignificante. Dice: "Hoy voy a limpiar por completo mi vocabulario", pero resulta que es el día en que todo se echa a perder en el trabajo. Usted dice: "Hoy, finalmente voy a cuidar mi cuerpo, voy a comenzar a hacer ejercicio", pero después de dos grandes hamburguesas y un helado, sabe que ha fallado.

Usted decide en su interior: "Dios es la prioridad número uno de mi vida y voy a hacer los cambios necesarios", pero pasa la semana y ha dedicado muy poco tiempo a las devociones familiares y a la lectura personal de la Biblia, y muy poco tiempo a la oración. Las finanzas y el uso del tiempo personal, no demuestran mucho que Dios es lo primero. La batalla continúa. El vocabulario vulgar, el enojo impaciente, la preocupación obsesiva, el orgullo, y los ojos lujuriosos, están en conflicto total con lo que Dios quiere de un cristiano. Usted tiene una guerra en sus manos.

De hecho, es una guerra, y eso es lo que dice Pablo: **"En mi interior me gusta la ley de Dios, pero veo en mí algo que se opone a mi capacidad de razonar: es la ley del pecado,**

que está en mí y que me tiene preso." *Romanos 7:22,23.*
Pablo dice con toda claridad que estamos en guerra. Y es una
batalla muy real y mortal, pero está oculta a la vista.

Imagine al ángel y al demonio proverbiales, sentados en sus
hombros, susurrando en los oídos opuestos. El de la izquierda
dice: "¿Por qué haces tanto esfuerzo para complacer a tu
cónyuge? Tienes que pensar en ti mismo de vez en cuando, y
asegurarte de que eres feliz." El de la derecha dice: "No
importa lo que su cónyuge dijo o hizo; Jesús nos dice que nos
amemos unos a otros, pase lo que pase." Otro día, aquel le
susurra: "Tu jefe te ha estado tratando como a un esclavo; es
justo que te lleves a casa un par de cosas del trabajo." El otro
le dice: "Siempre es malo robar. Y además, Dios quiere que te
sometas a las autoridades que él ha puesto sobre ti." También
sucede con nuestros niños: "Tu hermana te delató esta
mañana, se lo debes devolver". El otro dice: "Pero Jesús dice
que ames a tu hermana. Y, además, anduviste en bicicleta en
la calle y sabes que no debías hacerlo."

¿Le ha ocurrido eso alguna vez? No hay ángeles o demonios
literales susurrando en sus oídos, pero hay dos pequeñas voces
dentro de usted, una buena y otra mala, que sostienen una
batalla, una guerra, dentro de usted todo el tiempo. Una es la
naturaleza pecaminosa que quiere que haga lo malo, y la otra
es su naturaleza creyente que quiere que haga lo bueno.

Entonces, ¿cómo vamos a ganar esta guerra? Pablo lo resume
al final de su discusión: **"¡Desdichado de mí! ¿Quién me
librará del poder de la muerte que está en mi cuerpo?
Solamente Dios, a quien doy gracias por medio de
nuestro Señor Jesucristo."** *Romanos 7:24,25.* ¡La clave de
todo es Jesús!

Busca luz...

Como ve, la victoria final no viene de que usted o yo, ganemos algunas batallas contra el pecado; por cada batalla que ganemos, hay una o dos que perdemos. La victoria final sobre el pecado viene sólo por medio de Jesucristo. El Hijo de Dios vino a esta tierra y vivió como un ser humano perfecto. Usted sabe todas las cosas que debemos hacer, pero no las hacemos; Jesús las hizo. Usted sabe todas las cosas que queremos evitar, pero no las evitamos; Jesús las evitó. En efecto, la Biblia dice que Jesús fue tentado en todo como nosotros, pero sin pecado. Y tomó todos nuestros pecados sobre él mismo en su camino a la cruz y en ella los borró todos. Este es el mensaje maravilloso de la Biblia: Jesús vivió por nosotros, murió por nosotros, resucitó de entre los muertos por nosotros. Por eso **somos** vencedores. Eso es lo que dice Pablo de nosotros en el siguiente capítulo: **"En todo esto salimos más que vencedores por medio de aquel que nos amó."** *Romanos 8:37.*

Así que vivamos como vencedores, como los que tienen la victoria por Jesús. Él ya ha ganado la victoria, así que usted sabe que puede ganar cualquiera de las batallas restantes; él le dará la fuerza. ¿Cómo? Tenemos el Espíritu Santo en el corazón, y él es más fuerte que la vieja naturaleza pecaminosa.

Es el mismo Dios contra el hombre, y ¿quién debe ganar esa batalla? Dios, desde luego. ¿Pero cómo nos da el Espíritu Santo la fuerza para ganar? Por medio de la espada del Espíritu que es la palabra de Dios. Es por eso que necesitamos escucharla y aprenderla, para usarla todos los días en casa y entonar cantos basados en ella. Eso es lo que nos da el poder del Espíritu para ganar las batallas diarias.

Y aún hay más: **"Vengan a mí todos ustedes que están cansados de sus trabajos y cargas, y yo los haré** descansar." *Mateo 11:28.* Vamos a Jesús en las oraciones de cada día; vamos a él en la Cena del Señor y él viene a nosotros. Allí nos da descanso del pecado y nos da su presencia y fuerza para seguir adelante.

Cuando una persona está luchando con problemas y con batallas internas, viene la tentación de sentirse culpable y de no acercarse a la iglesia. Reconozca que eso es lo que quiere el diablo, él no quiere que usted tenga más poder espiritual, no quiere que escuche la Palabra para el perdón, ni que reciba la fortaleza espiritual que le da la Cena del Señor. Cuando las batallas sean más difíciles, recuerde que es cuando la adoración y la comunión nos fortalecen.

Entonces, ¿cómo podemos manejar la naturaleza pecaminosa? Hay tres posibles maneras de manejar esta desdicha, esta batalla diaria entre el bien y el mal. Sólo una de ellas es la forma correcta.

1. Siéntese y relájese. Sea complaciente y trate la vida como un viaje de placer en el crucero del amor. ¡No se preocupe, sea feliz!
2. Esté siempre tenso y nervioso en el interior. Concéntrese en todas las veces que ha tratado de obedecer los mandamientos y ha fracasado. Piense en lo desesperado que está y ríndase.
3. Acepte la respuesta de Pablo; mire de frente a la situación y diga: ¿Quién me librará de este cuerpo de muerte? Sí, ¿quién? No lo puedo hacer, pero hay uno que sí puede. **¡Gracias sean dadas a Dios, por Jesucristo nuestro Señor!**

En él, siempre vencerá la oscuridad. En él, puede andar cada día en la luz del Señor.